Sekundarstufe

Friedhelm & Helmut Heitmann

Der Beginn einer Zeitenwende

Die Welt im Umbruch

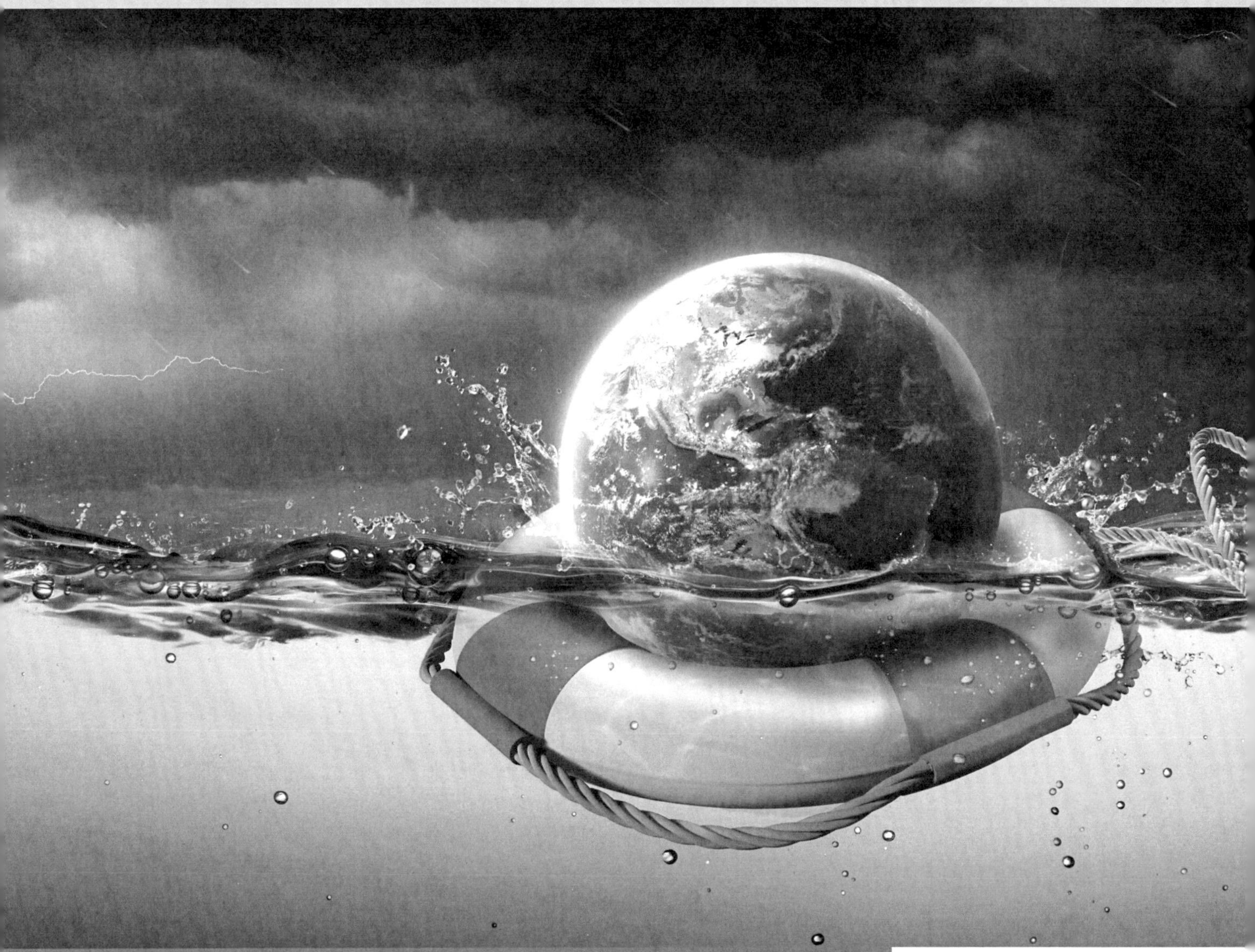

Aus der Geschichte lernen?

www.kohlverlag.de

Der Beginn einer Zeitenwende

Die Welt im Umbruch

1. Auflage 2023

Inhalt: Friedhelm Heitmann & Helmut Heitmann
Coverbild: © Romolo Tavani – AdobeStock.com
Redaktion: Kohl-Verlag
Grafik & Satz: Kohl-Verlag
Druck: farbo prepress GmbH, Köln

Bestell-Nr. 12 955

ISBN: 978-3-98558-338-6

Bildquellen:

AdobeStock.com: S.2: Africa Studio; S. 5-58: ronnarid; S. 5: Gina Sanders; S. 8: Achim Wagner; S. 9: Robert Biedermann, ExQuisine; S. 10: S_E; S. 12: Yurii; S. 13: Igor Sobolev; S. 15: MURAT GOCMEN; S. 16: Thaut Images; S. 17: tookitook; S. 18: vacant; S. 19: Alex ptrc; S. 21: andriano_cz, 首相官邸; S. 22: Wilm Ihlenfeld; S. 24: rob z; S. 25: Roger Asbury; S. 26: Halfpoint; S. 28: Alexander Limbach; S. 29: VRD; S. 30: TONTOXIN, noppadon; S. 31: Garyck; S. 32: wwwebmeister; S. 34: scusi; S. 35: forcdan; S. 36: Carlos Gardel; S. 37: Countrypixel, chakawut; S. 38: Christian Horz; S. 39: marishayu; S. 40: Ajdin Kamber; S. 41: Karin & Uwe Annas; S. 42: SurfupVector; S. 43: weyo; S. 44: nmann77; S. 45: m.malinika; S. 48: marishayu; S. 49: Wanlee; S. 52: Christian Horz; S. 53: len44ik; S. 54 insta_photos: Wanlee; S. 55: Gina Sanders; S. 57: Wanlee; S. 59: ii-graphics, ExQuisine;

Wikipedia.de: S. 7; S. 10: Patrickneil; S. 11: Michael Foran; S. 23; S. 57: Raimond Spekking;

Inhalt

Der Beginn einer Zeitenwende
Die Welt im Umbruch – Bestell-Nr. 12 955

Vorwort

Die Welt befindet sich derzeit augenscheinlich im Umbruch, d. h. gravierende Veränderungen finden bereits statt oder sind erforderlich. Gesprochen wird von einer Zeitenwende.

Der dargebotene Band setzt sich auseinander mit diesem umfangreichen Themenkomplex, der auch für Heranwachsende von Bedeutung ist. Vorgesehen ist das Werk für den Einsatz in den höheren Klassenstufen der Sekundarstufe I sowie darüber hinaus in der Sekundarstufe II.

Angeboten werden im Werk unterschiedliche, abwechslungsreiche Informations- sowie Arbeitsblätter. Behandelt werden (vor allem) Themen wie:

- Alte und neue internationale Machtblöcke;
- Sicherheit und Aufrüstung;
- Demokratien und Autokratien;
- Wirtschaft und Gesellschaft;
- Globalisierung und Krisen;
- Demografie und Migration;
- Klimawandel und Folgekosten;
- Epidemien und Pandemien

Im Band wird ebenfalls darauf eingegangen, ob man aus der Vergangenheit (= Geschichte) lernen kann bzw. (besser) hätte lernen können.

Für Hinweise auf leider nie ganz auszuschließende Fehler im Band bedanken wir uns an dieser Stelle im Voraus, ebenfalls für sonstige Verbesserungsvorschläge zum Werk.

Viel Erfolg beim Einsatz der vorliegenden Materialien im Unterricht wünschen das Team des Kohl-Verlags sowie

Friedhelm Heitmann & Helmut Heitmann

1 Zum Begriff Zeitenwende

Der Begriff Zeitenwende wird unterschiedlich gebraucht. Ursprünglich war und ist mit dem Begriff Zeitenwende (allein) die christliche Zeitrechnung mit der Unterscheidung zwischen v. Chr. und n. Chr. gemeint. Die Differenzierung geht – so ist zu lesen – auf den Mönch Dionysius Exiguus (um 450 bis um 540 n. Chr.) zurück. Diese Zeitrechnung setzte sich endgültig ab etwa Mitte des 11. Jahrhunderts in der römisch-katholischen Kirche durch und wird heutzutage gewöhnlich weltweit anerkannt sowie verwendet.

In der heutigen Zeit hat die Bezeichnung Zeitenwende jedoch noch weitere Bedeutungen. Mit Zeitenwende wird allgemein der Beginn eines Zeitabschnitts (= eines Zeitalters, einer Ära[1] ...) tituliert, der sich deutlich von der vorherigen Zeit abhebt. Anstelle von einer Zeitenwende wird manchmal jeweils (auch) von einer Wendezeit bzw. von einem Wendepunkt gesprochen.

Seit dem Jahr 2022 wird der Begriff Zeitenwende des Öfteren und zunehmend benutzt. Der Ausdruck Zeitenwende ist zu einem Schlagwort geworden, wird herangezogen unter anderem für die Wende in der Politik zahlreicher westlichen Staaten nach dem Überfall Russlands auf die Ukraine ab dem 24.02.2022.

EA **Aufgabe**: *Was kannst du nach dem Lesen des oberen Textes zum Begriff Zeitenwende in eigenen Sätzen sagen?*

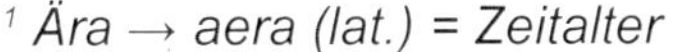

[1] *Ära → aera (lat.) = Zeitalter*

2 Das Ende des Kalten Krieges – ein Blick zurück in die Vergangenheit

(Blatt 1)

EA

Aufgabe: *Ergänze in den nachfolgenden 10 Sätzen die fehlenden Verben. Eine Lösungshilfe findest du unten auf dieser Seite.*

a) Wer die Gegenwart verstehen will, sollte zumindest die unmittelbare Vergangenheit ______________________.

b) Das Ende des Kalten Krieges zwischen den Westblock-Staaten (angeführt von den USA) und den Ostblockstaaten (angeführt von der Sowjetunion) ______________________ als die letzte (große) politische Zeitenwende des 20. Jahrhunderts.

c) Ab dem Jahr 1985 ______________________ der damals neue Generalsekretär der Kommunistischen Partei der Sowjetunion, nämlich Michail Gorbatschow, mit den Schlagworten Glasnost (= Offenheit) und Perestroika (= Umbildung, Umbau) wesentliche Reformen im flächengrößten Staat der Erde ein.

d) Diese ______________________ zur Demokratisierung in einigen Ostblockstaaten und zur Verständigung plus Annäherung an die Westmächte, schließlich zum Ende des Kalten Krieges.

e) Am 03.10.1990 ______________________ sich die Deutsche Demokratische Republik (DDR) der Bundesrepublik Deutschland (BRD) an.

f) Der Beitritt ______________________ vorweg die Zustimmung der USA, Großbritanniens, Frankreichs sowie der Sowjetunion (= Besatzungsmächte in Deutschland ab dem Ende des Zweiten Weltkrieges).

g) Der Kalte Krieg zwischen den Westblockstaaten und den Ostblockstaaten ______________________ letztlich (endgültig) mit dem Zusammenbruch der kommunistischen/sozialistischen Herrschaftssysteme in den Ostblockstaaten um 1990/1991.

h) Die Sowjetunion __________ sich Ende 1991 auf, daraus wurde zum einen Russland, das bis zum Jahr 1922 bestanden hatte.

i) Im Weiteren ______________________ aus der Sowjetunion diverse selbstständige Staaten hervor wie Estland, Lettland, Litauen, Weißrussland (= Belarus), Ukraine, Moldawien, Georgien, Armenien, Aserbaidschan …

j) Ehemalige kommunistische/sozialistische Ostblockstaaten wie Polen, Tschechoslowakei[1], Ungarn, Rumänien, Bulgarien … ______________________ sich zu demokratischen Staaten.

Lösungshilfe:	Einsetzbare Verben (in alphabetischer Reihenfolge): endete – entwickelten – erforderte – führten – gilt – gingen – kennen – leitete – löste – schloss

[1] *Aus der Tschechoslowakei entstanden 1993 die beiden Staaten Tschechien und Slowakei.*

2 Das Ende des Kalten Krieges – ein Blick zurück in die Vergangenheit
(Blatt 2)

Die Westblockstaaten und die Ostblockstaaten während des Kalten Krieges:

- Westblockstaaten = Mitgliedsstaaten der NATO (= North Atlantic Treaty Organization, = Nordatlantikpakt);
- Ostblockstaaten = Mitgliedsstaaten des Warschauer Paktes

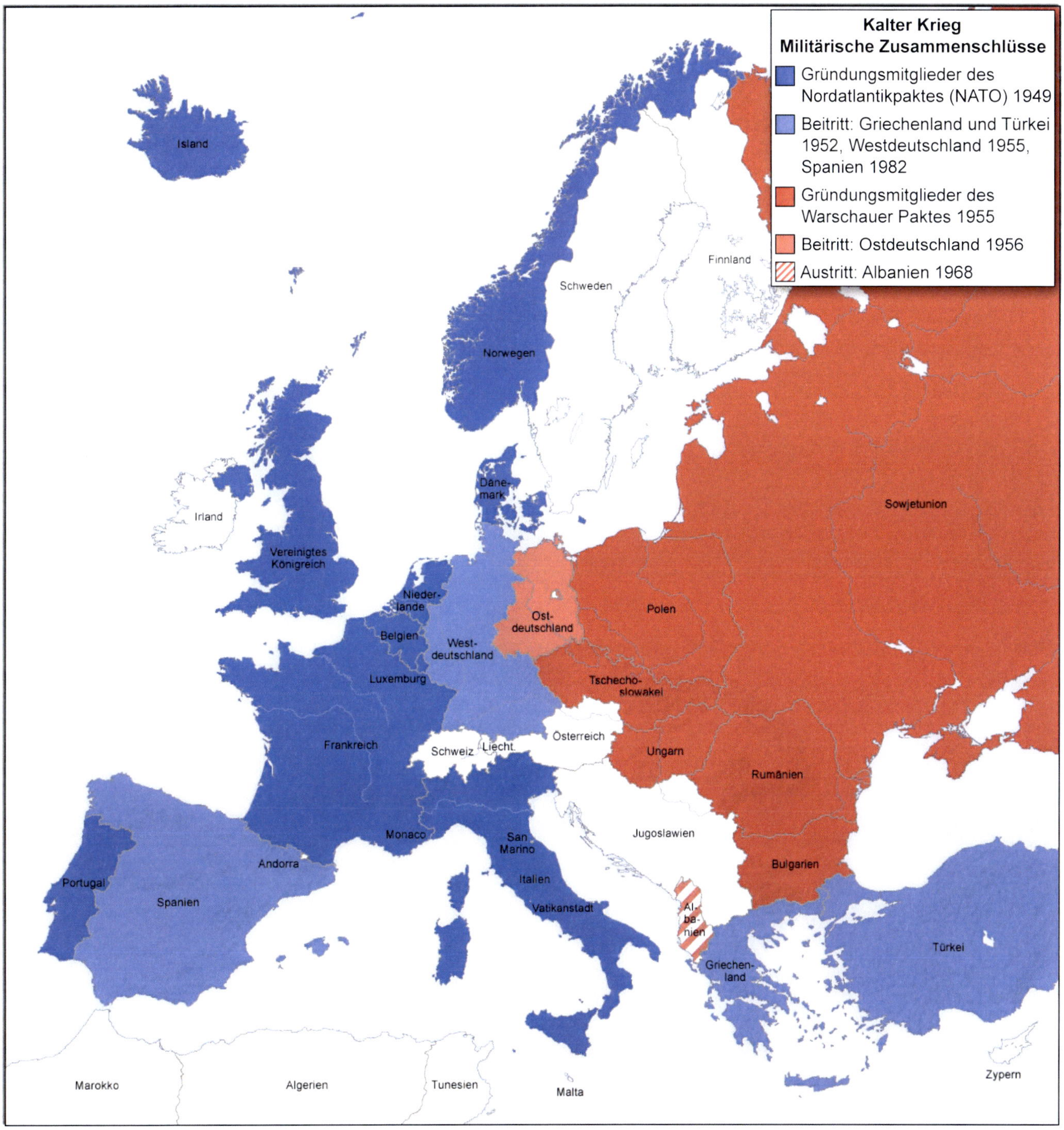
Kalter Krieg
Militärische Zusammenschlüsse
Gründungsmitglieder des Nordatlantikpaktes (NATO) 1949
Beitritt: Griechenland und Türkei 1952, Westdeutschland 1955, Spanien 1982
Gründungsmitglieder des Warschauer Paktes 1955
Beitritt: Ostdeutschland 1956
Austritt: Albanien 1968
Island
Norwegen
Schweden
Finnland
Sowjetunion
Irland
Vereinigtes Königreich
Dänemark
Niederlande
Belgien
Luxemburg
Westdeutschland
Ostdeutschland
Polen
Tschechoslowakei
Österreich
Ungarn
Rumänien
Frankreich
Schweiz
Liecht.
Jugoslawien
Bulgarien
Monaco
San Marino
Italien
Vatikanstadt
Albanien
Griechenland
Türkei
Portugal
Andorra
Spanien
Marokko
Algerien
Tunesien
Malta
Zypern

Der Beginn einer Zeitenwende
Die Welt im Umbruch – Bestell-Nr. 12 955
KOHL VERLAG

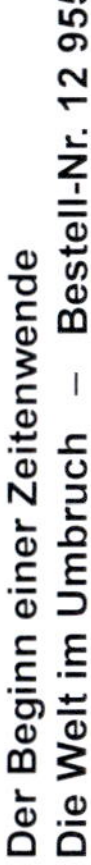

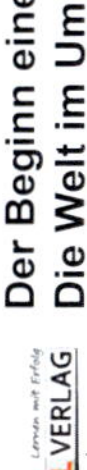

3 Nach dem Ende des Kalten Krieges

Durch die Auflösung des Ostblocks zu Beginn der neunziger Jahre des 20. Jahrhunderts schien die Kriegsgefahr wesentlich verringert, ja gebannt zu sein, zumindest in Europa. Allgemein ging man in der Politik von nunmehr friedlichen Zeiten aus. Auch von daher wurde in zahlreichen Westblockstaaten die Abrüstung vorangetrieben. Die Demokratisierung setzte sich in einigen zuvor diktatorisch regierten Staaten durch.

Michail S. Gorbatschow, Wegbereiter des Endes des Kalten Krieges

Nach dem Ende der Sowjetunion (Dez. 1991) waren die USA unangefochten die Weltmacht Nr. 1. Die USA verstärkten weltweit noch mehr ihren Einfluss. Zwischen vielen Staaten kam es wirtschaftlich zu einer zunehmenden Verflechtung (= Globalisierung). Der internationale Handel erlangte in der Wirtschaft einen immer größeren Anteil.

Aus der Europäischen Gemeinschaft (EG) ging 1993 die Europäische Union (EU) hervor – ein hauptsächlich politisches und wirtschaftliches Bündnis, das im Laufe der Zeit mehr und mehr Mitgliedsstaaten aufnahm. Auch manche ehemalige Ostblockstaaten wurden Mitglieder der Europäischen Union (EU) und schlossen sich dem seit 1949 bestehenden westlichen Verteidigungsbündnis NATO (= North Atlantic Treaty Organization) an.

EA **Aufgaben**: *Beantworte die folgenden Fragen.*

a) Welche Gefahr schien durch die Auflösung des Ostblocks zumindest geringer geworden zu sein? ______________________

b) Welche Maßnahme wurde in vielen Westblockstaaten nach dem Ende des Kalten Krieges ergriffen? ______________________

c) Was lässt sich über die politische Entwicklung in einigen ehemaligen Diktaturen (≈ Autokratien) sagen? ______________________

d) Welcher Staat war nach dem Ende der Sowjetunion eindeutig die Weltmacht Nr. 1? ______________________

e) Wozu kam es zwischen vielen Staaten weltweit wirtschaftlich?

____

f) Welche Organisation entstand 1993 aus der EG?

____

g) In welchen Organisationen wurden manche ehemalige Ostblockstaaten Mitglied?

____

Die Mitgliedsstaaten der Europäischen Union (= EU-Staaten)

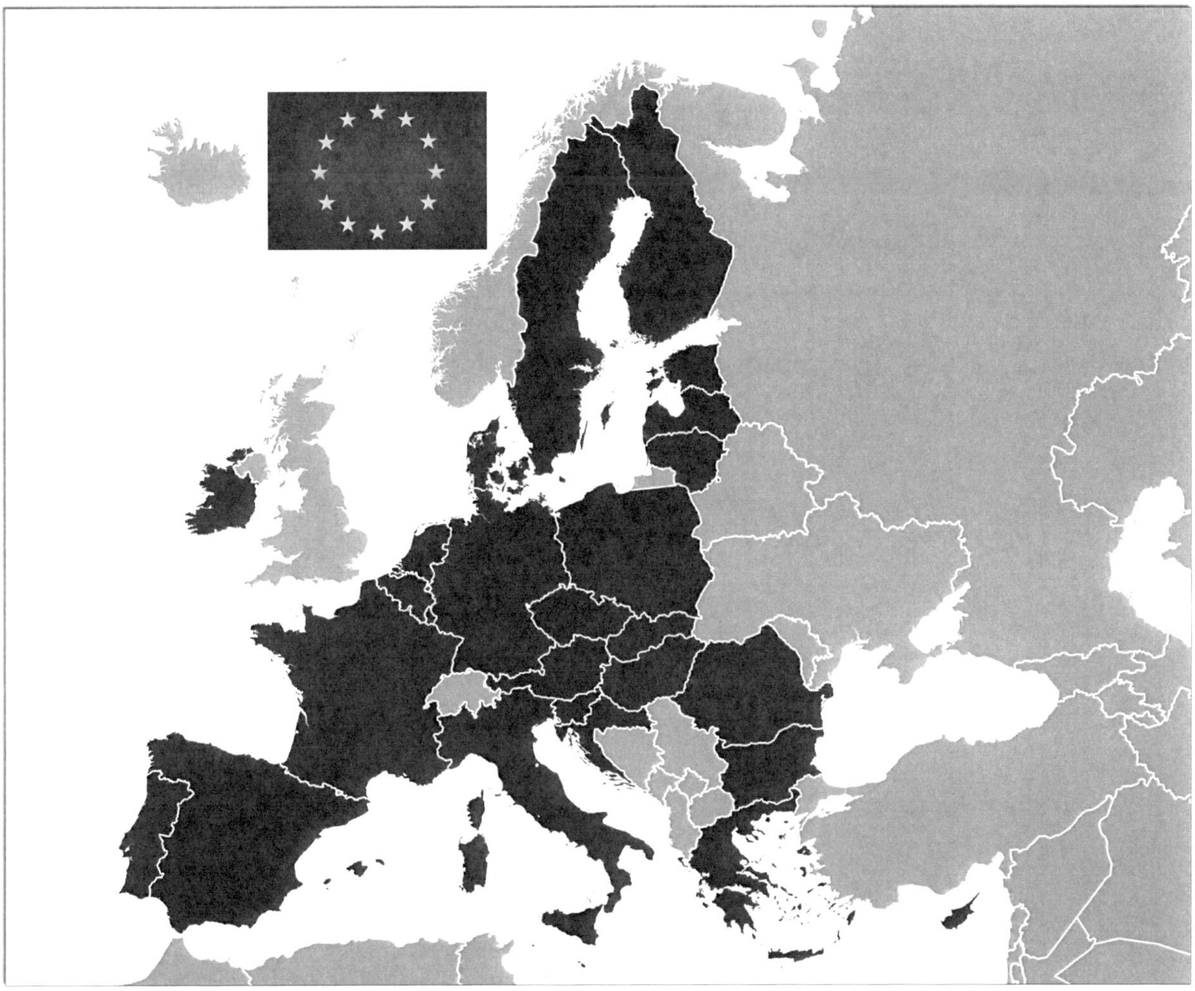

EA **Aufgabe**: *Schaue dir die Karte an und notiere die Namen der derzeitigen (Stand 2023) 27 Mitgliedsstaaten der EU (dunkel gefärbt):*

____

____

____

____

____

____

____

____

____

____

____

Der Beginn einer Zeitenwende
Die Welt im Umbruch – Bestell-Nr. 12 955
KOHL VERLAG

5 Die Mitgliedsstaaten der NATO (= Nordatlantikpakt)

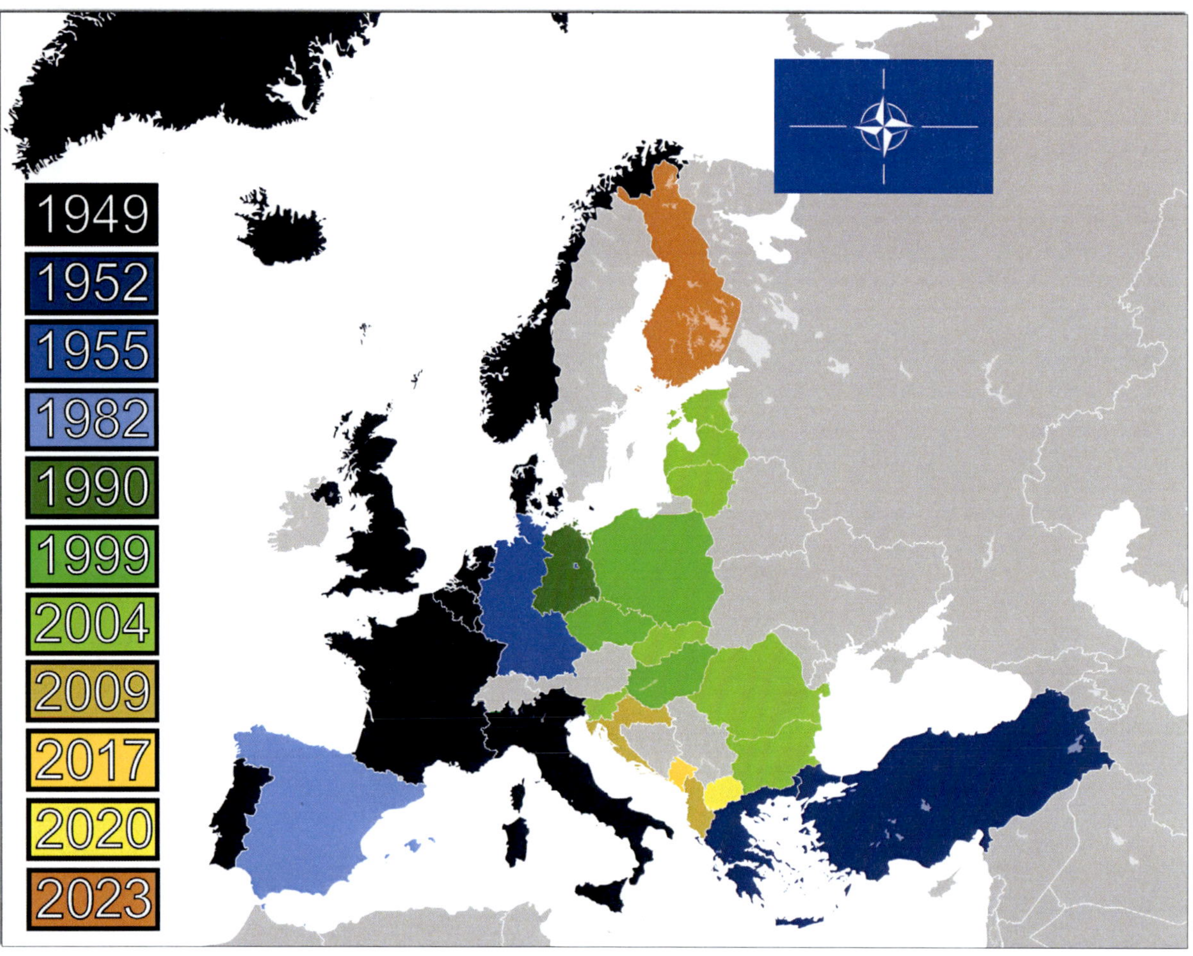

EA

Aufgabe: *Zur NATO (= North Atlantic Treaty Organization) gehören die USA, Kanada sowie weitere 29 Staaten in Europa (Stand 2023).*

Schaue auf die obere Karte und schreibe die Namen der derzeitigen weiteren 29 Mitgliedsstaaten der NATO auf (gefärbt nach Beitrittsjahr):

6 Kriege

Auf Grund der Auflösung des Ostblocks sowie der Sowjetunion bestand damals zwar nicht mehr die Gefahr eines 3. Weltkrieges. Jedoch war damit keineswegs weltweit der Frieden gesichert, Kriege gab es weiterhin, jeweils in verschiedenen Gebieten auf der Erde.

Zu Kriegen kam es unter anderem in Südosteuropa (ab 1991). Diese führten dazu, dass Jugoslawien schließlich in die einzelnen Staaten Slowenien, Kroatien, Bosnien-Herzegowina, Montenegro, Serbien, Mazedonien (später umbenannt in Nordmazedonien) und Kosovo zerbrach.

Von Kriegen betroffen waren und sind vor allem die Kontinente Afrika sowie Asien, ganz besonders Vorderasien (= „Naher Osten") und der sogenannte „Mittlere Osten".

Aufzählung der wichtigsten Kriege:

- 1. Irak-Krieg zwischen Irak und den USA mit Verbündeten (1990/1991);
- 2. Irak-Krieg zwischen Irak und den USA mit Verbündeten (2003);
- Anschläge der islamistischen Terrororganisation Al-Quaida in den USA (u. a. auf das World Trade Center in New York) hatten den Afghanistan-Krieg zur Folge (ab 2001);
- 2011 begann der Bürgerkrieg in Syrien mit vielen internationalen Auswirkungen (unter anderem Migration) und ist immer noch nicht beendet.
- …

Die UNO (= Vereinte Nationen), der fast alle Staaten der Erde angehören, ist um die Beendigung und Verhinderung von Kriegen sowie Schaffung von Frieden bemüht. In dieser Hinsicht ist sie sehr stark gefordert, oftmals mit diesen Aufgaben jedoch überfordert. Die sogenannten „Blauhelme" (= Friedenstruppen der UNO) waren und sind in diversen Gebieten auf der Erde im Einsatz.

Aufgabe: *Fragen und Antworten:*

Überlege dir, bezogen auf den vorherigen Text, 6 Fragen und notiere sie auf einem Extrablatt. Überreiche danach das Blatt mit deinen 6 Fragen einem anderen Schüler zur schriftlichen Beantwortung. Du bekommst vom anderen Schüler dessen 6 Fragen, die du schriftlich zu beantworten hast. Sind von euch beiden alle Fragen beantwortet, werden die Blätter wieder getauscht und die Antworten jeweils auf etwaige Fehler untersucht. Diese Fehler solltet ihr dann gemeinsam besprechen und korrigieren.

Alternative: Du beantwortest deine eigenen 6 Fragen selbst.

7 „Wandel durch Handel“?

Politik wird insbesondere beeinflusst, wenn nicht sogar bestimmt durch wirtschaftliche Interessen. Wirtschaftliche Interessen sind in der Regel darauf gerichtet, (möglichst große) finanzielle Gewinne zu erzielen. Vor allem führende Wirtschaftsmächte – so auch Deutschland – sowie weltweit agierende Konzerne (= Großunternehmen) profitieren sehr vom internationalen Handel im Zeitalter der Globalisierung.

Der Handel erfolgte mit anderen demokratischen Staaten, aber im Weiteren auch mit autokratisch (≈ diktatorisch) regierten Staaten (China, Russland ...). Diktatorisch (≈ autokratisch) regierte Staaten boten die Vorteile, von dort aus kostengünstig Bodenschätze und sonstige Rohstoffe beziehen zu können, dort mit geringeren Kosten als anderswo Produkte herstellen zu lassen ...

Mit dem Handel wurde die Vorstellung, ja Annahme verknüpft, die Verwirklichung von Demokratie, Freiheit, umfangreichen Menschenrechten ... in autoritäre Staaten übertragen zu können. Daraus entstand der Slogan „Wandel durch Handel“. Die jeweilige Staatsführung der Bundesrepublik Deutschland und deutsche Wirtschaftsunternehmen intensivierten die Handelsbeziehungen zu China sowie Russland. Daran verdienten alle 3 Staaten und beteiligte Unternehmen.

Die Hoffnung darauf, dass es aufgrund der Handelsbeziehungen zu China und Russland zur Realisierung von Demokratie, Freiheit, umfangreichen Menschenrechten ... kommt, blieb unerfüllt. Zumindest bezogen auf China und Russland ist der Slogan „Wandel durch Handel“ bisher nur eine Illusion (= Wunschvorstellung) – eine Zielvorstellung, die in der Praxis gescheitert ist.

EA **Aufgabe 1**: *Erkläre mit eigenen Sätzen: „Wandel durch Handel“ – was ist damit gemeint?*

EA **Aufgabe 2**: *Wie beurteilst du das (politische) Vorgehen, „Wandel durch Handel“ anzustreben?*

EA **Aufgabe 3**: *Was hältst du von wirtschaftlichen Beziehungen demokratischer Länder mit autoritären Staaten?*

8 Russland

Nach der Auflösung der Sowjetunion und dem Ende der kommunistischen Herrschaft sah es in Russland in den 1990er Jahren zunächst so aus, als könnte es sich zu einem demokratischen Staat entwickeln. Doch dazu kam es dann doch nicht.

Im Jahr 1999 wurde Wladimir Putin (= ehemaliger sowjetischer Agent im Auslandsgeheimdienst) russischer Ministerpräsident, im Jahr 2000 erstmals russischer Staatspräsident. Laut russischer Verfassung hat der Staatspräsident eine starke Machtstellung inne.

Im Laufe der Zeit baute Putin mit Gleichgesinnten die Macht immer weiter aus. Oppositionelle wurden und werden im Auftrag der russischen Staatsführung zurückgedrängt und verfolgt. Manche Kritiker des Regimes in Russland fielen (teilweise unaufgeklärten) Morden zum Opfer. Putin entpuppte sich mehr und mehr als nicht „lupenreiner Demokrat“[1], sondern eindeutig als Autokrat (≈ Diktator). Allgemeine Menschenrechte bzw. Grundrechte wie Meinungsfreiheit, Pressefreiheit, Versammlungsfreiheit … wurden (stark) eingeschränkt oder sogar aufgehoben. Freie Wahlen, die demokratische Ansprüche erfüllen, finden nicht statt. Russland ist derzeit (Stand: Jahr 2023) „meilenweit“ von Demokratie und Freiheit entfernt.

EA

Aufgabe: *Dein Kommentar zur politischen Situation in Russland:*

Moskauer Kreml, der Amtssitz des russischen Präsidenten

[1] *Der von 1998-2005 regierende deutsche Bundeskanzler Schröder, der später (sehr gut bezahlt) für russische Unternehmen tätig wurde, bezeichnete Putin als einen „lupenreinen Demokraten“.*

9 Russland und (die) Ukraine (Blatt 1)

Unter Putin praktiziert Russland eine Politik, die zumindest auf den Wiedergewinn früherer Macht und Einfluss ausgerichtet ist. Putin selbst bezeichnete die Auflösung der Sowjetunion (1991) als die größte Katastrophe des 20. Jahrhunderts.

Im Jahr 2014 nahm Russland die völkerrechtlich zur Ukraine gehörende Halbinsel Krim in Besitz. Zugleich unterstützte Russland massiv diese Ereignisse: In der Ostukraine erhoben sich russischstämmige Bewohner in den Gebieten des Donezk und Luhansk mit Waffengewalt, um sich von der Ukraine loszusagen. Das im Jahr 2015 im Minsker Abkommen unter anderem vereinbarte Einstellen der Kämpfe brachte keine (dauerhafte) Entspannung. Die Kämpfe zwischen der Ukraine und den Aufständischen (= „Separatisten"[1]) in der Ostukraine flammten wieder auf und setzten sich fort.

Ab dem 24.02.2022 überfielen russische Truppen, angeordnet von Putin, die Ukraine. Damit begann der Ukrainekrieg, der von russischer Seite nicht Krieg, sondern „militärische Spezialoperation" genannt wird. Russlands Ziel misslang, einen schnellen Sieg über die Ukraine zu erringen. Im überfallenen Land stieß und stößt Russland auf nicht erwarteten, erbitterten Widerstand der Ukraine, die unter anderem durch gelieferte Waffen aus NATO-Staaten unterstützt wird.

Russland, unter der Führung von Putin, versucht(e) die „militärische Spezialoperation" in der Ukraine damit zu rechtfertigen:

- „Nazis" seien in der Ukraine an der Macht. Es gelte die Ukraine zu entnazifizieren und zu entmilitarisieren.
- Russischstämmige Bewohner würden in der Ukraine unterdrückt werden.
- An dort lebenden Russen sei sogar Völkermord verübt worden und würde weiterhin begangen werden.
- Die Ukraine habe (im Grunde) keinen Anspruch auf Souveränität, sei kein wirklich selbstständiger Staat, sondern historisch ein Teil von Russland.
- Russland sei dadurch bedroht, dass sich die NATO immer weiter in Osteuropa ausgedehnt habe.
- …

EA

Aufgabe 1: *Wie beurteilst du den russischen Überfall auf die Ukraine?*

____

____

____

____

____

____

____

____

____

[1] Separatismus = Streben nach Loslösung aus einem Staat; separare (lat.) = trennen

9 Russland und (die) Ukraine (Blatt 2)

Anmerkungen zu den Versuchen Russlands, die „militärische Spezialoperation" in der Ukraine zu rechtfertigen:

- Seit 1945 (= Ende des 2. Weltkrieges) feiert die Sowjetunion, später Russland, jährlich Anfang Mai den Sieg über das nationalsozialistische Deutschland. Im weiteren Verlauf wurde und wird die Bezeichnung „Nazis" (= das Böse) in Russland auch generell auf Feinde bezogen. Wer als ein Feind Russlands betrachtet wird, den gilt es aus russischer Sicht zu Recht zu bekämpfen. Diese Einstellung ist auch in der russischen Bevölkerung (weit) verbreitet.
- Die Behauptung, die in der Ukraine lebenden Russen würden unterdrückt werden und Opfer eines Völkermordes sein, steht im krassen Gegensatz zur Realität. Es gibt keine sachlichen Beweise für diese russische Behauptung.
- Die Ukraine gehörte zwar gezwungenerweise in der Vergangenheit zur Sowjetunion. Es gab jedoch wiederholt ukrainische Freiheitsbestrebungen, einen eigenen Staat zu bilden. Seit dem Jahr 1991 ist die Ukraine völkerrechtlich ein souveräner Staat. Von Russland wird nicht akzeptiert, dass in der Ukraine seit 2014 jeweils eine demokratisch gewählte Regierung existiert, die sich von Russland ab- und unter anderem politisch dem Westen der Welt zugewendet hat.
- Das Bestreben der NATO ist nicht von sich aus die Angriffsführung, sondern sich gegen Angriffe durch andere Staaten verteidigen zu können. Mit anderen Worten: Die NATO ist kein Angriffsbündnis, sondern ein Verteidigungsbündnis, das der eigenen Sicherheit dient.

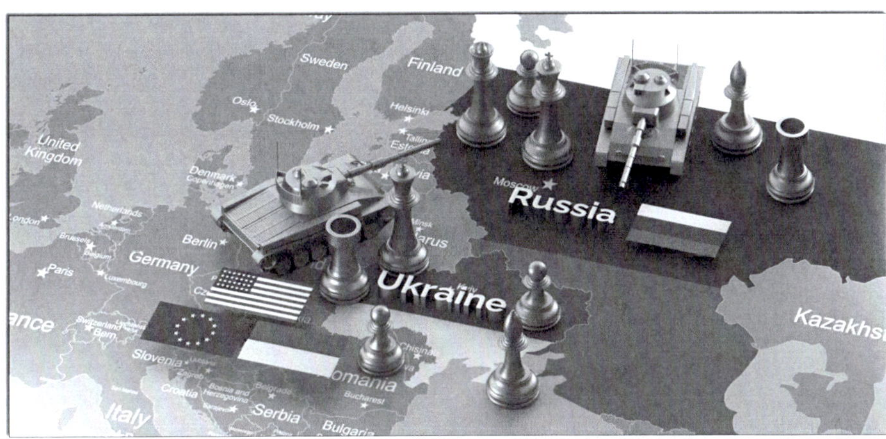

EA

Aufgabe 2: *Du hast jetzt gelesen:*

- *Versuche Russlands, die „militärische Spezialoperation" in der Ukraine zu rechtfertigen (Blatt 1);*
- *sowie die anschießenden Anmerkungen dazu (Blatt 2).*

Wie bewertest du nunmehr die russischen Rechtfertigungsversuche der „militärische Spezialoperation"? Begründe deine Bewertung (näher).

Der Beginn einer Zeitenwende
Die Welt im Umbruch – Bestell-Nr. 12 955
KOHL VERLAG

10 Die politische Zeitenwende ab dem Jahr 2022

EA **Aufgabe**: *Setze die folgenden 10 Wörter in den 10 Sätzen an der jeweils richtigen Stelle ein.*

Bundestag – Bundeswehr – Putin – Scholz – Sicherheitsmaßnahmen – Spezialoperation – Ukraine – Verteidigung – Völkerrecht – Zeitenwende

a) Von einer jetzigen (politischen) ________________________________ wird seit dem Jahr 2022 gesprochen.

b) Anlass dafür war und ist der Überfall Russlands auf den Nachbarstaat ________________________ ab dem 24.02.2022.

c) Es gibt keine Legitimation[1] für den russischen Angriffskrieg, der von russischer Seite als eine „militärische __________________________“ bezeichnet wird.

d) Der russische Angriffskrieg verstößt eindeutig gegen das __________________ ____________, die Satzung der UNO, ethisch-moralische Normen[2] …

e) Am 27.02.2022, also nur 3 Tage nach dem Beginn des russischen Überfalls, verkündete der deutsche Bundeskanzler ___________________________ in einer Regierungserklärung im Bundestag eine „Zeitenwende“ in der Politik Deutschlands.

f) Der Bundeskanzler äußerte, es gelte Freiheit und Demokratie zu schützen und „Kriegstreibern wie ___________________________ Grenzen“ aufzuzeigen.

g) ______________________________ müssten ergriffen werden, um sich verteidigen zu können.

h) Die ____________________________ müsste deshalb aufgestockt werden.

i) Im deutschen _________________________ wurde beschlossen, im Bundeshaushalt 2022 zusätzlich 100 Milliarden Euro für die Bundeswehr zu verwenden.

j) Zudem sollen anschließend pro Jahr mehr als 2 % des deutschen Bruttoinlandsproduktes für die Sicherheit und militärische __________________________ bereitgestellt werden.

---

[1] *Legitimation = Berechtigung; legitimus (lat.) = durch Gesetze bestimmt*
[2] *Normen = Verhaltensregeln; norma (lat.) = Maßstab, Regel, Vorschrift*

11 Reaktionen der Westblockstaaten

Mit dem tatsächlichen Überfall Russlands auf die Ukraine hatten die Westblockstaaten nicht gerechnet, obwohl zuvor Truppenbewegungen an Grenzen zur Ukraine zu beobachten waren. Warnungen und Appelle von führenden Politikern aus verschiedenen Ländern an den russischen Präsidenten Putin, den Frieden zu bewahren, waren erfolglos.

Der Angriff Russlands auf die Ukraine löste nicht nur in Deutschland, sondern auch in vielen weiteren Westblockstaaten (= Westmächten) eine Wende in der Politik aus. Insgesamt gesehen rückten die Westmächte im Handeln gegenüber Russland dichter zusammen und gingen weitgehend gemeinsam vor. Die Mitgliedsstaaten des Verteidigungsbündnisses NATO sahen und sehen sich weiterhin durch Russland herausgefordert, ihre Sicherheit bedroht. Die NATO versetzte ihre Truppen in erhöhte Alarmbereitschaft, um etwaige russische Angriffe auf NATO-Länder abwehren zu können.

Die NATO-Staaten sind nun dabei aufzurüsten. Da die Ukraine bisher (noch) kein Mitgliedsstaat der NATO ist, greifen Soldaten dieses Verteidigungsbündnisses nicht aktiv in die Kämpfe in der Ukraine ein. Jedoch unterstützen Mitgliedsstaaten der NATO die Ukraine unter anderem mit zunehmend mehr Waffen und Munition.

Auch die Europäische Union (EU) kritisiert(e) Russland stark und ergriff Gegenmaßnahmen gegen den flächengrößten Staat der Erde. Die EU verhängte gegen Russland diverse Sanktionen[1] (= Strafmaßnahmen) wie z. B. Einfuhrverbote von Produkten aus Russland, Ausfuhrverbote von Produkten nach Russland, Einreiseverbote für manche russische Staatsbürger, Einfrieren von Vermögenswerten bestimmter russischer Staatsbürger in EU-Ländern ... Die EU leistet(e) Hilfe für die Ukraine auf zahlreiche Weise, unter anderem humanitär und finanziell.

EA **Aufgabe**: *Fasse den Inhalt des vorherigen Textes in 5, 6 oder 7 eigenen Sätzen zusammen.*

____

____

____

____

____

____

____

____

[1] *sanctio (lat.) = Strafbestimmung*

Die Abstimmungen der UN-Generalversammlung am 02.03.2022 sowie am 23.02.2023

193 Staaten sind derzeit Mitglied der UNO (= Vereinte Nationen), die unter anderem um Frieden bemüht ist. Damit gehören fast alle Staaten auf der Erde – auch Russland – der UNO an.

UN-Hauptgebäude in New York

In der UN-Generalversammlung (= Vollversammlung) am 02.03.2022 stimmten Vertreter von 181 Staaten über die Bewertung des Angriffes von Russland auf die Ukraine ab. 141 UN-Staaten verurteilten in einer Resolution[1] (= einem schriftlichen Beschluss) den russischen Angriff und forderten Russland auf, sogleich seine Truppen aus der Ukraine zurückzuziehen. 35 UN-Staaten (unter anderem China, Iran, Irak, Indien, Südafrika) enthielten sich der Abstimmung über die Resolution, 5 UN-Staaten, nämlich Russland, Belarus, Nordkorea, Syrien und Eritrea, lehnten die Resolution ab.

Am 23.02.2023, also knapp 1 Jahr später, fand erneut in der UN-Generalversammlung eine Abstimmung über die Kriegsführung Russlands in der Ukraine statt. Wieder forderten die Vertreter von 141 Staaten den Rückzug Russlands aus der Ukraine. Diesmal enthielten sich 32 Staaten bei der Abstimmung. 7 Staaten stimmten gegen die Resolution (Russland, Belarus, Nordkorea, Syrien, Eritrea, Mali, Nicaragua).

Die Resolution der UN-Generalversammlung hat (nur) symbolische Bedeutung, d. h. sie ist völkerrechtlich nicht bindend. Völkerrechtlich bindend sind Beschlüsse des aus 15 Staaten bestehenden UN-Sicherheitsrates. Doch im Sicherheitsrat hat Russland – wie auch die USA, Großbritannien, Frankreich und China – ein Vetorecht[2] (= Einspruchsrecht, Weigerungsrecht) und kann somit Beschlüsse sowie deren Umsetzung in die Praxis blockieren.

EA

Aufgabe 1: *Wie beurteilst du die Abstimmungsergebnisse der UN-Generalversammlungen am 02.03.2022 sowie am 23.02.2023?*

EA

Aufgabe 2: *Was meinst du dazu, dass die 5 ständigen Mitgliedsstaaten im UN-Sicherheitsrat (= Russland, USA, Großbritannien, Frankreich, China) jeweils ein Vetorecht besitzen?*

[1] resolutio (lat.) = Entschließung
[2] veto (lat.) = ich verbiete

13 Zur derzeitigen Situation im Krieg Russland gegen Ukraine (Stand: Mai 2023)

Die Resolutionen der UN-Vollversammlung vom 02.03.2022 sowie vom 23.02.2023 haben Russland nicht davon abgehalten, den Krieg gegen die Ukraine fortzusetzen und die Truppen aus dem Land zurückzuziehen. Russland erklärte sogar mehrere eingenommene Gebiete als zugehörig zu Russland.

Nach Verkündung einer Teilmobilmachung erhöhte die russische Staatsführung die Zahl der in der Ukraine kämpfenden Truppen. Russische Soldaten gingen mit (fast unglaublich) brutaler Gewalt auch gegen Widerstand in der ukrainischen Zivilbevölkerung vor. Unter anderem wurden und werden auf russischer Seite freigelassene Straftäter im Krieg gegen die Ukraine eingesetzt. Freigelassene Straftäter wurden als Söldner für den Kriegsdienst angeworben. Dadurch erhielten und erhalten sie die Möglichkeit, weiterer Strafzeit zu entgehen bzw. sich von der Strafverfolgung zu befreien.

Russischer Panzer

Bisher gelang es Russland nicht, die Ukraine im Krieg zu besiegen. Mit Hilfe unter anderem von Waffen und Munition aus zahlreichen westlichen Staaten (USA, Großbritannien, Deutschland, Frankreich, Polen, Kanada ...) leistet die Ukraine enormen Widerstand gegen den Aggressor[1] Russland. Durch den Krieg haben unzählige Menschen ihr Leben verloren – keiner weiß wie viele. Ebenfalls hat die russische Kriegsführung gewaltige Zerstörungen und Schäden in der Ukraine angerichtet. Kritiker warnen vor einer weiteren Eskalation[2] des Krieges.

EA

Aufgabe: *Meine Stellungnahme zum Krieg Russland gegen Ukraine:*

Welchen Standpunkt hast du zu diesem Krieg? Mit anderen Worten: Was meinst du zu dem Krieg? Hast du einen Vorschlag, wie sich der Krieg beenden lässt? Wenn ja, welchen Vorschlag?

[1] *Aggressor – Angreifer; aggressio (lat.) = Angriff*
[2] *Eskalation = Steigerung, Vergrößerung, Ausweitung; scalae (lat.) = Leiter, Treppe*

14 Machtblöcke

Russland hielt und hält weiterhin an der Invasion in der Ukraine fest. Russland ist bestrebt – auf Grund des starken Widerstandes der Ukraine – noch mehr Soldaten dorthin zu schicken, um imperiale Ziele zu erreichen. Der russische Staatspräsident Putin verbreitet Angst damit, atomare Waffen einzusetzen. Bisher ist es nicht gelungen, den Krieg zwischen Russland und der Ukraine auf diplomatischem Weg (durch Verhandlungen) zu stoppen bzw. zu beenden.

Die bisherige Weltordnung befindet sich augenscheinlich im Umbruch. Zum einen besteht auf der Erde der Machtblock der Westmächte (NATO-Staaten, EU-Staaten). Demgegenüber hat sich auf der östlichen Halbkugel der Erde mehr und mehr ein Zusammenschluss herausgebildet, der von China und Russland angeführt wird. Seit dem Jahr 2001 besteht die Shanghai Cooperation Organization (= Shanghaier Organisation für Zusammenarbeit). Mitglieder dieser Organisation sind China, Russland, Indien, Pakistan, Kasachstan, Kirgistan, Tadschikistan, Usbekistan, Iran. Einige weitere Staaten zeigen jüngst Interesse, sich der Shanghai Cooperation Organization anzuschließen.

Eine Zielsetzung von China ist es, die USA als Weltmacht Nr. 1 (wirtschaftlich und geostrategisch) abzulösen, während die USA beabsichtigen, die führende Position zu behaupten. Auch Russland unter Putin erhebt weiterhin Weltmachtansprüche. Kriegerische Auseinandersetzungen und Kriege zwischen beiden genannten Machtblöcken sind nicht auszuschließen. Beide Machtblöcke versuchen unter anderem, noch mehr Einfluss in weiteren Staaten (vor allem in Afrika) zu gewinnen. Zur Zeit ist Russland der aggressivste Staat.

Aufgabe:

a) *Womit droht(e) der russische Staatspräsident Putin?*

____

b) *Welche zwei Machtblöcke stehen sich auf der Erde gegenüber?*

____

____

c) *Welche Staaten gehören derzeit der Shanghai Cooperation Organization an?*

____

____

d) *Welche wesentliche Zielsetzung hat China?*

____

e) *Welche Ansprüche erhebt Russland?*

____

f) *Was versuchen die USA?*

____

g) *Welche Gefahr besteht zwischen den beiden Machtblöcken auf der Erde?*

____

____

15 Ein Fazit[1]

Nach der Auflösung des Ostblocks und dem Ende der Sowjetunion (1991) ging man in den meisten Westblockstaaten davon aus, der Frieden sei zumindest in Europa gesichert. Geprägt wurde damals der Begriff Friedensdividende. Als Friedensdividende wurde und wird die finanzielle Entlastung von Staatshaushalten durch Senkung der Ausgaben für das Militärwesen bezeichnet. Abrüstungsmaßnahmen waren angesagt und wurden seitdem durchgeführt.

Es kam zur Gründung des NATO-Russland-Rates (NRR). Doch eine Einbindung Russlands in die NATO als Mitgliedsstaat erfolgte nicht. Der weitere Verlauf der Entwicklung zeigte: Handelsbeziehungen garantieren nicht die Bewahrung des Friedens. Frieden schaffen bzw. sichern ohne Waffen hat sich leider in der Praxis nicht als erfolgreich erwiesen. Nach dem Überfall Russlands auf die Ukraine ist die Friedensdividende aufgezehrt – eine Zeitenwende hat begonnen.

Der chinesische Staatspräsident und Parteivorsitzende Xi Jinping gab im Jahr 2021 zum 100. Jahrestag der Kommunistischen Partei Chinas öffentlich zu verstehen:

> Der Westen der Welt befinde sich im Niedergang, der Osten der Welt jedoch im Aufstieg. China müsse noch kampfkräftiger werden …

EA **Aufgabe**: *Was sagt der vorherige Text aus? Formuliere eigene Sätze.*

____

____

____

____

____

____

____

____

____

____

[1] *Fazit = Ergebnis, Schlussfolgerung; facit (lat.) = es macht*

16 Demokratien und Autokratien

EA

Aufgabe: a) *Welches Satzende gehört zu welchem Satzanfang? Schreibe jeweils die Nr. des Satzanfangs vor das passende Satzende.*

	Satzanfänge
1.	Die Zeitenwende zeigt sich auch darin, dass die Anzahl der Demokratien auf
2.	Kennzeichen von (echten) Demokratien sind insbesondere
3.	In Autokratien (≈ Diktaturen) sind die Menschenrechte nicht verwirklicht
4.	Gemäß einer im Jahr 2022 veröffentlichten Untersuchung der Bertelsmann-Stiftung gibt es erstmal seit
5.	Von 137 untersuchten Staaten stufte die Bertelsmann-Stiftung
6.	Im Gegensatz dazu ordnete diese Stiftung
7.	Laut Bertelsmann-Stiftung haben
8.	In zahlreichen Autokratien sei eine Zunahme von
9.	Auch Studien anderer Organisationen bzw. Institutionen kommen – kurzum gesagt – zum Ergebnis, dass sich
10.	Der Besorgnis erregende Trend ist, immer weniger

	Satzenden
	manche Demokratien an Qualität verloren.
	Menschen leben offenbar in freien Staatsformen.
	der Erde zurückgegangen, die der Autokratien aber gestiegen ist.
	Unterdrückung, Machtmissbrauch, eine Einschränkung von Menschenrechten … festzustellen.
	70 Staaten den Autokratien zu.
	weltweit betrachtet Demokratien auf dem Rückzug befinden, Autokratien auf dem Vormarsch.
	dem Jahr 2004 wieder mehr autokratische Staaten.
	67 Länder als Demokratien ein.
	bzw. (stark) eingeschränkt; es gibt keine strikte Gewaltenteilung, keine freien Wahlen.
	die Verwirklichung der Menschenrechte, strikte Gewaltenteilung und freie Wahlen.

b) *Schreibe nun die 10 Sätze in der richtigen Reihenfolge vollständig auf ein Extrablatt.*

Erklärung von Begriffen:

- Demokratie[1] = Volksherrschaft;
- Autokratie[2] = Selbstherrschaft, Alleinherrschaft;
- Diktatur[3] = Herrschaft einer Person bzw. einer Gruppierung von Personen

[1] *demos (grie.) = Volk; kratein (grie.) = herrschen*
[2] *autos (grie.) = selbst; kratein (grie.) = herrschen*
[3] *dictatura (lat.) = das Diktieren, Befehlen, Bestimmen*

17 Der Stand der Demokratie (2022)

Hinweis: Die Differenzierung zwischen Demokratien und Autokratien ist eine grobe Unterscheidung, die die beiden Gegensätze der politischen Systeme nennt. Es gibt unterschiedliche weitere Differenzierungen. Das V-Dem-Institut[1] der schwedischen Universität Göteborg z. B. unterscheidet zwischen 4 Typen von politischen Systemen:

- Liberale[2] (≈ vollständige) Demokratien;
- Illiberale[3] (≈ unvollständige, ≈ defekte) Demokratien;
- Hybridregime[4] (= Mischformen);
- Autokratien (= autoritäre Regime)

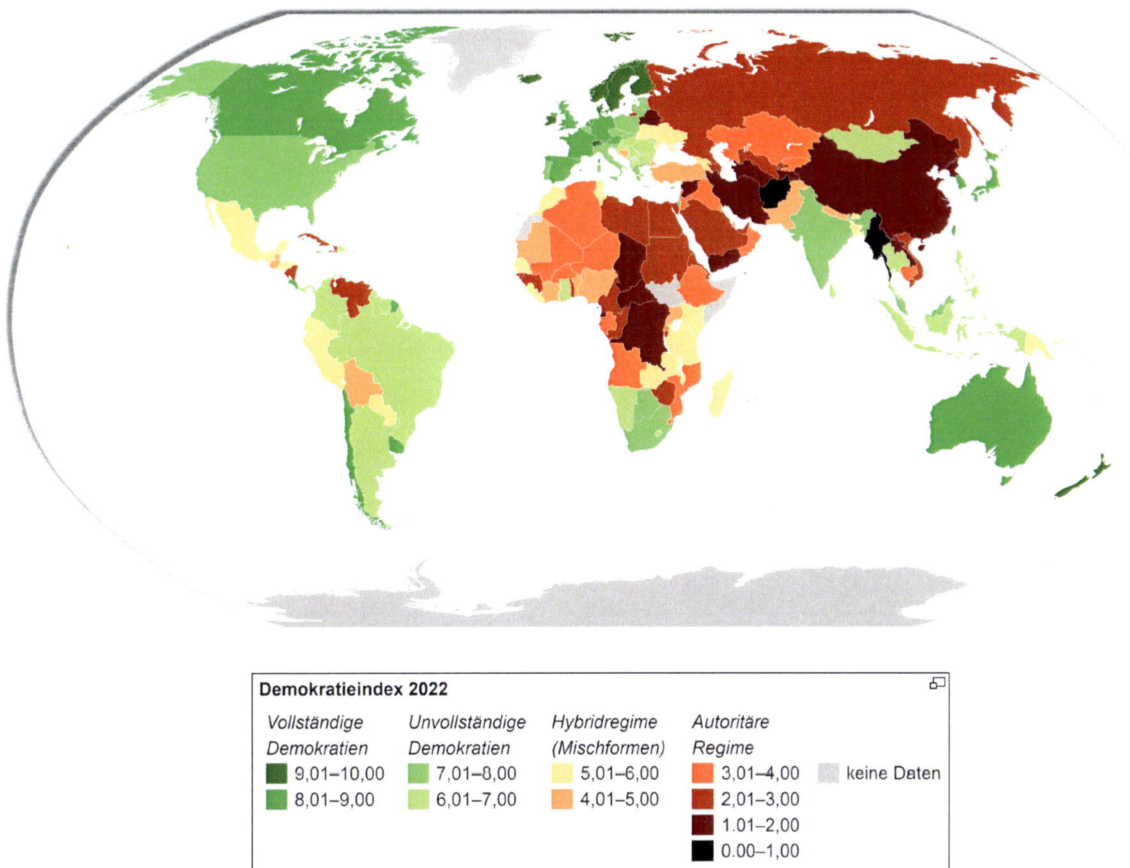

EA **Aufgabe**: *Was sagt die obere Karte aus? Formuliere eigene Sätze.*

____

____

____

____

____

____

[1] V-Dem = Varieties of Democracy
[2] liberal = frei(heitlich); liber (lat.) = frei, unbeschränkt
[3] illiberal = unduldsam, kleinlich; illiberalis (lat.) = unedel, (eines Freien) unwürdig
[4] hybrid = von zweierlei Herkunft; hybrida (lat.) = Mischling; Regime = Herrschaftssystem (abwertend!); regimen (lat.) = Leitung, Herrschaft

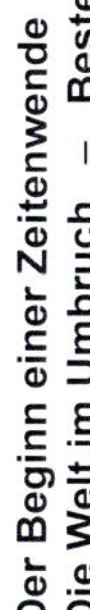

18 Gründe für den Rückgang der Anzahl von Demokratien und für die Zunahme der Anzahl von Autokratien weltweit

EA **Aufgabe 1**: *Was hältst du von Freiheit und Demokratie?*

____

____

____

EA **Aufgabe 2**: *Wie beurteilst du die nachfolgende Aussage?*

> „Autokraten (= Diktatoren) hassen Freiheit und Demokratie. Es gilt (unsere) Freiheit und Demokratie gegen Autokratien … zu verteidigen.“

PA **Aufgabe 3**: *Wie lassen sich der Rückgang der Anzahl demokratischer Staaten und die Zunahme der Anzahl autokratischer Staaten – weltweit betrachtet – erklären? Nutzt das Schaubild als Hilfsmittel. Beantwortet die Frage in vollständigen Sätzen auf einem bzw. zwei Extrablättern. Wie ist eure Meinung dazu?*

Gründe für den Rückgang der Anzahl von demokratischen Staaten und die Zunahme von autokratischen Staaten weltweit

- Schwächen der repräsentativen (= indirekten) Demokratie
- Sehnsucht in der Bevölkerung nach einer führenden, starken Person
- Verheißungen durch antidemokratisch eingestellte Person(en)
- Aufstieg rechtsorientierter Parteien und Gruppierungen
- nationalistisches Denken (im Vordergrund)
- Misstrauen gegenüber herrschenden Parteien und Eliten in der Demokratie 
- Schaffung von Feindbildern
- Ablenkung innerstaatlicher Probleme nach außen
- Unzufriedenheit der Bürger mit bisherigen Regierungen
- zunehmende Überwachung und Ausschaltung von Oppositionellen
- …

19 Wirtschaft und Gesellschaft

Die Auswirkungen von Russlands Krieg gegen die Ukraine haben weltweit Folgen für Wirtschaft und Gesellschaft. Die Energiepreise sind deutlich angestiegen, Zulieferungen in der Industrie sind ins Stocken geraten und die Lebenshaltungskosten der Bürger deutlich gestiegen. Die Inflationsraten[1] der letzten Monate erreichen Höhen, die seit 30 Jahren nicht mehr erreicht wurden. Experten sprechen auch von einer ökonomischen Zeitenwende.

Hinzu kommt ein Systemwettbewerb zwischen demokratischen und autoritären bis autokratischen Staaten. Dieser drückt sich auch im Handel mit Rohstoffen und fossilen[2] Energieressourcen aus. Etwa 40 Prozent der deutschen Gasimporte kamen noch bis 2022 aus Russland. Das ist nunmehr vorbei. Die Lieferungen sind auf Null gefallen. Parallel bemüht sich die deutsche Bundesregierung um fossile Rohstoffe aus dem amerikanischen, dem arabischen Raum und vom afrikanischen Kontinent. Die Energieversorgung soll diversifiziert[3] werden, d. h. es sollen Verträge mit verschiedenen Ländern und Lieferanten geschlossen werden, um einseitige Abhängigkeiten zu verringern.

Abhängigkeiten und Monopole

Die Folgen der Krise haben deutlich gemacht, wie schwierig Monopole[4] sind. Der russische Staatskonzern Gazprom verfügt über ein riesiges Pipeline-Netz und enorme Gasvorkommen in Sibirien. Die Abhängigkeit der Bundesrepublik Deutschland (= BRD) von den Gaslieferungen aus Russland stieg im letzten Jahrzehnt deutlich an. Entsprechend sind die aktuellen Folgen.

Ähnlich problematisch sieht es mit der Abhängigkeit von mineralischen Rohstoffen aus. China – um ein Beispiel zu nennen – ist bei vielen dieser Rohstoffe einer der Hauptlieferanten für die BRD. Hinzu kommt ein weiteres Problem: Der Abbau ist ein regelrechtes „Schmutzgeschäft“. Die „Veredelung“[5] der Rohstoffe bzw. die Produktion von Maschinen und Autos erfolgen dagegen in den Industrienationen. Die Marktmacht liegt damit bei ihnen. Abhängigkeiten sind damit vorprogrammiert.

Doch das dürfte sich für die Zukunft ändern. Das Beispiel China als eine der inzwischen größten Volkswirtschaften zeigt auf, was es bedeutet, wenn die Wertschöpfungskette[6] – von den Rohstoffen über die Veredelung und Produktion bis hin zum Verkauf in einer Hand – oder besser in einem Land – erfolgt. Eines scheint für die Zukunft offensichtlich: Die Konkurrenz um wichtige Rohstoffe wird in den kommenden Jahren steigen. Davon betroffen sein werden besonders die, die u. a. für Solarenergie und Elektromobilität benötigt werden.

EA

Aufgabe: *Fasse den Text kurz auf einem Extrablatt in eigenen Sätzen zusammen.*

Öl-Pipeline

[1] *Inflation: Die Preise für Waren und Produkte werden allgemein und deutlich teurer. Die Gründe können sehr unterschiedlich sein, u. a. weil begehrte und notwendige Güter zeitweise kaum noch zu bekommen sind (z. B. Computer-Chips).*

[2] *Fossile Rohstoffe: Energieträger wie Erdöl oder Kohle*

[3] *Diversifizierung: eine Strategie, um das Risiko beispielsweise für Vermögenswerte oder den Bezug von wichtigen Rohstoffen zu streuen*

[4] *Monopol: Man spricht zum Beispiel von Monopol, wenn ein Unternehmen der einzige Anbieter für ein begehrtes oder wichtiges Produkt ist und kaum Konkurrenz hat.*

[5] *Veredelung: Weiterverarbeitung von Rohstoffen und Zwischenprodukten zur Herstellung von Fertigerzeugnissen; z. B. aus Pflanzen Lebensmittel herstellen*

[6] *Wertschöpfungskette: eine Kette von Abläufen, um Produkte herzustellen, zu transportieren und zu verkaufen*

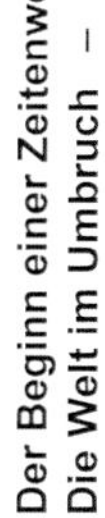

Wirtschaftliche und politische Macht – Vertrauen in Staat und Gesellschaft

Wirtschaftliche Produktion ist nicht von Markt- und politischer Macht zu trennen. Staaten, die eine starke Industrie haben oder über wichtige Rohstoffe wie fossile Energieträger (Gas und Öl) verfügen, nutzen dies auch politisch aus; ebenso Firmen, die eine gewisse Größe erreicht haben oder inzwischen in ihren Sparten (beispielsweise der Digitalwirtschaft) eine Monopolstellung einnehmen. Sie können die Mechanismen des Lobbyismus[1] nutzen und Einfluss auf Regierungen sowie Staaten nehmen. Soweit es sich um große Staatskonzerne oder große Oligopole[2] handelt, spielen sie eine bedeutende Rolle im Systemwettbewerb zwischen demokratischen und autokratischen Ländern. Mehr oder weniger offen werden sie dabei durch ihre Regierungen genutzt und/oder unterstützt.

Die Krisen der letzten Jahre – von der Pandemie bis zum Krieg in der Ukraine – lösen Ängste in der Bevölkerung aus. Es wird allgemein ein Wohlstandsverlust befürchtet. Gerade die junge Generation treibt die Furcht um die Zukunft um. Das betrifft zum einen die Folgen des Klimawandels, zum anderen die Sorge, ob der Lebensstandard der eigenen Eltern gehalten werden kann.

Wichtig für den Zusammenhalt jeder Gesellschaft ist die Frage nach Gerechtigkeit sowie Vertrauen in die soziale Sicherheit und damit in Staat sowie Politik. „Wir leben in einer emotional aufgewühlten Gesellschaft mit vielen neuen Konflikten ... und radikalen Rändern“, so der Makrosoziologe Steffen Mau.

Finanzkrise, das Anwachsen sozialer Ungleichheit und der Angriffskrieg Russlands in der Ukraine haben die Unsicherheiten gesteigert und Krisen verschärft. Demokratische Institutionen – so hat es mitunter den Anschein – scheinen an Rückhalt in der Bevölkerung zu verlieren. Demokratie braucht Kritik – auch in Form von zivilem Ungehorsam. Sie braucht aber auch u. a. Respekt vor der Übernahme politischer Ämter und Anerkennung des parlamentarischen System.

Viele Menschen machen sich aufgrund des Krieges in der Ukraine und dessen Folgen wie der Energiekrise existentielle Sorgen. Vieles, so die Vermutung, wird nicht so bleiben können. Die energiepolitische Abhängigkeit von Russland offenbarte sich inzwischen als Fehler. Auch in der Klimapolitik ist ein großes Umsteuern vonnöten. Gerade gesellschaftliche Schichten, die wirtschaftlich schon jetzt zu kämpfen haben, befürchten deutliche ökonomische Einschränkungen. Gleichwertige Lebensverhältnisse in einem Land sind aber enorm wichtig für das Vertrauen in den Staat und nötige Transformationen[3].

Es gibt ebenfalls Stimmen und Tendenzen, die in der Gesellschaft in eine eher rechtskonservative und rechtspopulistische Richtung weisen. Sie wollen eher wenig von Regulierung wissen, pochen auf nationale Abschottung und die Vorrechte von Privilegierten. Auch der Verantwortung für klimaschädliche Emissionen[4], die durch Menschenhand entstanden sind, stehen sie eher skeptisch gegenüber. Allgemein haben rechtspopulistische Parteien und Bewegungen in den letzten Jahren an Zustimmung gewonnen; nicht nur in Deutschland und Europa, sondern weltweit. Autokratische politische Systeme finden sich u. a. in Russland und in China.

[1] Lobbyismus: *als Vertreter bestimmter Interessensgruppen Einfluß auf Politik und Gesellschaft nehmen*
[2] Oligopol: *Ein Oligopol besteht, wenn auf dem „Markt“ viele ein Gut oder Produkt nachfragen, für das es nur wenige Anbieter gibt.*
[3] Transformation: *grundlegender Wandel beispielsweise von Volkswirtschaften*
[4] Emissionen: *Stoffe und Gase, die in die Umwelt und Atmosphäre entweichen*

20 Wirtschaftliche und politische Macht – Vertrauen in Staat und Gesellschaft

Allgemein wachsen die Zukunftssorgen und Polarisierungen[1] in der Gesellschaft. Die verfassungsmäßige Demokratie hat aber immer noch hohe Zustimmungswerte in der Bevölkerung (82 % Zufriedenheit mit der Demokratie, so die Leipziger Autoritarismus-Studie 2022, O. Decker u. a.: Autoritäre Dynamiken in unsicheren Zeiten). Doch es gibt Unzufriedenheit mit der „gelebten" Form der Demokratie. Gleichzeitig nimmt die Fremdenfeindlichkeit zu und der Antisemitismus verbleibt auf hohem Niveau.

Verschwörungsideen sowie Ideologien sind im Umlauf und wollen Glauben machen, dass geheime Mächte im Hintergrund wirken („Deep State[2]"). Das Internet und sogenannte „Filterblasen[3]" spielen dabei eine nicht unerhebliche Rolle. Unsicherheiten werden gestreut und einfache Lösungen werden präsentiert. Omnipräsente[4] Personen – quasi Auserwählte – an der Spitze von Staat und Gesellschaft mit fast schon diktatorischen Vollmachten sollen die Probleme lösen.

In Phasen großer gesellschaftlicher Transformationen kommt es darauf an, dass keiner zurückbleibt und Ausgleich ebenso wie Solidarität geübt werden. Falsche Informationen im Internet und die verführerischen Bilder nationaler Abschottungen wie autoritärer „Führer" sind jedoch keine Lösungen. Sie können Demokratien jedoch erheblich zusetzen.

EA

Aufgabe: *Erkläre es in eigenen Sätzen:*

a) Was bedeutet es, wenn Staaten oder Konzerne eine Monopolstellung haben?

____

____

____

b) Was ist wichtig für den Zusammenhalt von Gesellschaften?

____

____

____

c) Wie hoch sind die Zustimmungswerte für die Demokratie in der BRD?

____

____

____

d) Woher drohen der Demokratie Gefahren?

____

____

____

[1] *Polarisierung: Aufspaltung in verschiedene Lager oder gegensätzliche Positionen*
[2] *Deep State: ein Staat im Staate, der über geheime Machtnetzwerke verfügt; Verschwörungstheorien verwenden den Begriff, um zu belegen, dass Staaten und Regierungen durch fremde und geheime Mächte gesteuert werden.*
[3] *Filterblasen: Nachrichten in den sozialen Netzwerken, die speziell auf die eigenen Interessen zugeschnitten sind und eher kritische oder gegenteilige Meinungen und Informationen ausschließen*
[4] *omnipräsent: allgegenwärtig; etwas oder jemand, der oder das immer und überall anzutreffen ist*

Der Beginn einer Zeitenwende
Die Welt im Umbruch – Bestell-Nr. 12 955
KOHL VERLAG

21 Soziale Sicherung und Zukunftserwartungen

Politik und Sozialstaat sind unter Druck geraten. Um Risiken im Leben abzusichern, verfügt das Land über ein soziales Sicherungssystem. Arbeitslosigkeit, Krankheit oder auch Renten sind darüber abgesichert. D. h. wenn jemand seinen Arbeitsplatz verliert, oder wenn jemand in Rente geht, sichern ihn sogenannte Sozialtransfers[1] ab. Sie werden zum größten Teil aus den Gehältern bzw. den sozialen Abgaben der Gehälter finanziert. Entwickelt wurde dieses Sozialstaatsmodell über viele Jahrzehnte hinweg. Es ist gewissermaßen die Antwort auf Verwerfungen in Alltag und Beruf, die jeden treffen können. Kaum einer wird nur von persönlichem Reichtum in Form von Immobilien oder Aktien leben können.

Die aktuellen Krisen – u. a. der Klimawandel, Russlands Angriff auf die Ukraine und Corona – fordern den Sozialstaat und die Gesellschaft aber in besonderer Weise heraus. Eine Reform der Sicherungssysteme ist schon seit längerem angeraten. Dazu zählen u. a. die Krankenversorgung oder die zukünftigen Rentenzahlungen. Deutschland „altert", d. h. das Durchschnittsalter der Bevölkerung steigt. Es gibt immer mehr Menschen in höherem Alter, die entsprechend über einen längeren Zeitraum Rente beziehen. Zugleich verringert sich die Zahl derer, die für die Rentenzahlung aufkommen.

Wichtige Eckpfeiler für den Zusammenhalt einer Gesellschaft sind optimistische Zukunftserwartungen und das Wissen, dass die materiellen Grundressourcen gesichert sind. Gerade die jungen Generationen stehen heute vor großen Herausforderungen. Sie wachsen in einer von Unsicherheit und krisenhaften Entwicklungen geprägten Welt auf. Ihre Zukunftserwartungen und Lebenskonzepte stellen sich in Frage. Sie fühlen sich unter Druck, die Welt scheint nicht mehr sicher.

Zugleich zeigen sich junge Menschen ihrer Verantwortung bewusst und engagieren sich in der Zivilgesellschaft, beispielsweise in Vereinen und unterschiedlichen Initiativen. Bekannt geworden sind in jüngster Zeit die Bewegungen „Fridays for Future" oder die „Letzte Generation". Sie verweisen mit ihren Aktionen – bei aller Kritik – auf die Klima-Katastrophe und die damit einhergehende Frage der Generationengerechtigkeit.

Gerade aufgrund der massiven Herausforderung des Klimawandels befürchten viele noch größere Einschränkungen und Verschlechterungen der Lebensbedingungen. Fortschritt ist aber für viele so nicht mehr denkbar. Auch der Glaube, dass es zumindest den Kindern mal besser gehen wird, scheint sich abzuschwächen oder bei vielen verloren gegangen zu sein. Aber ein Zurück in eine frühere oder vermeintlich bessere Welt wird es nicht geben können. Auch wenn rechtspopulistische Bewegungen es Glauben machen wollen.

Es ist die Herausforderung der Gesellschaft, sich widerstandsfähig zu machen – gegenüber den Verführungen autokratischer und gewalttätiger Systeme sowie entsprechenden „Einflüsterungen". Und zugleich die Wirtschaft solidarisch so umzubauen, dass die Lebensqualität für alle erhalten bleibt. Wobei Lebensqualität und Wohlstand nicht mit fortwährendem Konsum gleichzusetzen sind. Noch ist Europa die Region mit der wohl größten „Gleichheit" auf der Erde.

EA

Aufgabe: *Beantworte auf einem Extrablatt:*

a) *Wie wird die Welt deiner Meinung nach im Jahr 2050 aussehen?*

b) *Was wird im Gegensatz zu heute anders sein?*

c) *Was werden wir nicht mehr oder weniger haben?*

d) *Was wird es stattdessen geben?*

e) *Worauf wirst du nicht verzichten wollen?*

f) *Was wird sich in der Politik verändert haben?*

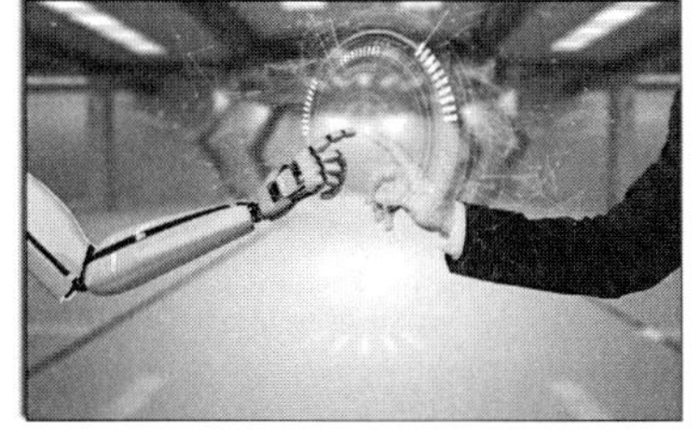

[1] *Sozialtransfer: einseitige staatliche Zahlungen an Personen und Unternehmen ohne Gegenleistung*

22 Globalisierung und Krisen

(Blatt 1)

Unsere Welt ist auf vielfache Weise miteinander verknüpft. Kein Land kann für sich allein wirtschaften. Soziale Netzwerke sorgen für eine Verbreitung von Informationen in Sekundenschnelle. Umwelt- wie gesundheitliche Katastrophen finden keine Begrenzung in staatlichen Grenzen. Der Corona-Virus hat gezeigt, vor welche großen Herausforderungen die ganze Welt binnen kürzester Zeit gestellt werden kann. Die Folgen davon waren nicht nur eine weltweite Übersterblichkeit[1], sondern auch eine Einschränkung des Welthandels. Lieferketten brachen, Länder schotteten sich ab, Staatsgelder in Milliardenhöhe mussten investiert werden, um den Bürgern wie auch Firmen und Konzernen zu helfen. Erinnerungen an die Finanzkrise 2008/2009 wurden wach.

Die Vorstellung, es könnte mit dem wirtschaftlichen Fortschritt und der Demokratisierung der Welt immer so weiter gehen, hat erhebliche Risse bekommen. Mit der „Wende[2]" 1989 setzte sich der Glaube durch, dass eine liberale Marktwirtschaft und die weltweite wirtschaftliche wie politische Zusammenarbeit aller Staaten eine immer besser werdende Welt schaffen würde. Auch vormals autoritäre Staaten würden den Weg der Demokratisierung finden. Und Gewalt wie Krieg wäre weltweit auf dem Rückzug. Globale Handelsabkommen würden für einen „Wandel durch Handel" sorgen.

Dieser Fortschrittsoptimismus, dieser grundsätzliche Glaube an eine Entwicklung zum Besseren hat einen großen Dämpfer erlitten. Inzwischen greift die Vorstellung um sich, dass Staaten, die einen demokratischen Entwicklungsprozess durchlaufen haben, auch wieder zurückfallen können. Davon zeugen die Aufstiege autokratischer und populistischer[3] Politiker auch in europäischen und amerikanischen Staaten.

Mit dem Angriffskrieg Russlands auf die Ukraine hat sich die Situation noch einmal geändert. Kaum einer hätte damit gerechnet, dass relativ zentriert in Europa wieder ein Krieg ausbrechen könnte. Mit dem Krieg in der Ukraine änderte sich nicht nur die Einschätzung in Bezug auf sicherheitspolitische Fragen. Auch für die Wirtschaft und damit den Wohlstand vorrangig in Europa hat der Krieg erhebliche Folgen. Angefangen mit der fossilen Energie in Form von Erdgas, Erdöl und Kohle, deren Bezug aus Russland nicht mehr zur Verfügung steht bzw. im Zusammenhang mit den Sanktionsmaßnahmen eingestellt wurde.

Deutschland mit seiner exportorientierten Wirtschaft war und ist davon besonders betroffen. Im Vergleich zu manchen anderen europäischen Ländern ist Deutschland immer noch vorrangig ein Industriestandort. Viele Arbeitsplätze hängen davon ab. Zugleich ist Deutschland arm an Rohstoffen. Diese müssen importiert werden, ebenso wie sogenannte Vorleistungen. Lieferanten von Rohstoffen sind u. a. Länder in Asien und Afrika.

Gerade kritische Rohstoffe kommen zu großen Teilen aus China, beispielsweise Phosphat oder „Seltene Erden". China ist ein Beispiel dafür, dass das Land nicht nur wichtig für den Export von Maschinen oder Autos ist, sondern auch für den Import wichtiger Rohstoffe u. a. für die Weiterentwicklung von Elektromobilität, Photovoltaikanlagen oder Windenergie. Zugleich ist China ein Staat mit einem autokratischen Regime, das die Volksgruppe der Uiguren unterdrückt und Taiwan bedroht. Das wirft – ähnlich wie beim Krieg in der Ukraine – die Frage auf, inwieweit moralische Verantwortung und Handel zusammengehören.

---

[1] *Übersterblichkeit: eine erhöhte Sterblichkeitsrate in der Bevölkerung (gegenüber früheren Vergleichswerten)*

[2] *Wende: Zusammenbruch und friedliche Revolution in der DDR*

[3] *Populismus: überhöhte Konstruktion von Volk (populus (lat.) = das Volk); oft verbunden mit Stimmungsmache gegen nicht Dazugehörige und Darbietung von vereinfachenden Lösungen für komplexe gesellschaftliche Probleme*

22 Globalisierung und Krisen

(Blatt 2)

Abhängig ist Deutschland auch von dem Import von Energie. Etwa 40 % des Erdgases bezog Deutschland bislang aus Russland, außerdem noch Kohle und Erdöl. Damit ist es jetzt weitgehend vorbei. Das Problem dabei: Zeitnah können diese Importe nur unter großen Schwierigkeiten ersetzt werden.

Die Politik spricht inzwischen von Diversifizierung[1]. D. h. der Import von fossilen Brennstoffen soll auf verschiedene Länder verteilt werden. Die Kosten für den Bezug werden aber deutlich über denen des Imports aus Russland liegen. Das wird Folgen für den Industriestandort Deutschland haben und damit auch für den Wohlstand des Landes. Bisher konnte Deutschland mit günstiger Energie gefragte Güter für den Weltmarkt produzieren und damit auch seinen Wohlstand steigern.

Die Zukunft bei der Energieversorgung dürfte den erneuerbaren Energien gehören. Sie sollen und müssen Gas, Öl und Kohle ersetzen. Erhebliche Anstrengungen sind dafür nötig. Gewissermaßen nehmen die aktuellen Krisen eine Entwicklung vorweg, die unweigerlich auf die (Industrie-) Länder zukommt.

Die Fragen dabei: Wie kann in kurzer Zeit eine Transformation[2] der Energieversorgung geschaffen werden? Welche Folgen wird das für Wirtschaft und Industrie gerade in den wohlhabenden Ländern haben?

EA

Aufgabe: *Ergänze folgende Sätze:*

a) *Die Pandemie hat dafür gesorgt, dass der Welthandel sich ________________ musste und Staaten __________ ____________________.*

b) *Der Angriffskrieg Russlands gegen die Ukraine hatte erhebliche Folgen für ________________ ________ ____________________ in Europa.*

c) *Es gab die Vorstellung, dass durch ____________ ____________________ und ___________ _______________ ____ ___________ _________________ eine immer bessere Welt geschaffen werden würde.*

d) *Deutschland und seine Wirtschaft ist abhängig von ________________ und _______________ ______ ________________.*

e) *Die Energieversorgung soll auf die ____________________ ________________ umgestellt werden.*

---

[1] *Diversifizierung: breite Streuung von Produkten, Dienstleistungen und Bezugsquellen*
[2] *Transformation: Umwandlungs- und Weiterentwicklungs-Prozesse von Wirtschaft und Gesellschaft*

23 Kritische Abhängigkeiten reduzieren

Wirtschaft und Politik stellen sich in vielen Ländern die Fragen:

- Wie können wir unabhängiger von Importen besonders bei kritischen Rohstoffen werden?
- Wie können kritische Abhängigkeiten reduziert werden?

Das gilt auch für Waren bzw. für Vor-Produkte zum Beispiel im Zusammenhang mit Medikamenten. Gibt es dafür Substitutions[1]möglichkeiten? Lassen sie sich durch Importe aus verschiedenen Ländern ersetzen? Ist wieder eine Produktion vor Ort möglich, lassen sich eigene Kapazitäten aufbauen?

Gerade für die Umstellung der Energieversorgung auf Klimaneutralität sind Abhängigkeiten zu vermeiden. Für den Umstieg auf E-Mobilität ist beispielsweise die Fertigung von Batteriezellen nötig. Die Rohstoffe dafür finden sich vorrangig in China. Die Gefahr besteht, in neue Abhängigkeiten von autokratischen Staaten zu geraten. Das betrifft aber nicht nur Rohstoffe, sondern auch technologische Entwicklungen. Dabei müssen Aspekte der Sicherheit beachtet werden. Infrastrukturprojekte, die beispielsweise digitale Kommunikation betreffen, könnten in Gefahr geraten, wenn Kontrolle und Eingriffe durch autokratische Staaten möglich wären oder einzelne Firmen (beispielweise in der Digitalwirtschaft im Silicon Valley) über eine weltweite Monopolstellung verfügen.

Lange galt die Idee „Wandel durch Handel“: D. h. Staaten würden sich durch Handel zu Demokratien wandeln und die beteiligten Länder würden wirtschaftlich profitieren. Das kam auch wirtschaftlichen Interessen entgegen, durch Wertschöpfungsketten[2] Kosten einzusparen. Produkte können in anderen Ländern billiger hergestellt, Rohstoffe günstiger gefördert und zur Weiterverarbeitung importiert werden. Das ist u. a. aber nur möglich, weil Arbeitskräfte in den Schwellen- und ärmeren Ländern für deutlich geringere Löhne arbeiten. Konzerne schauen sehr genau, wo die Produktion am günstigsten ist. Das heißt, dass auch die sogenannten Billig-Lohn-Länder miteinander konkurrieren. Gerade in der Bekleidungsindustrie ist das gut zu sehen. Und noch kommt hinzu: Die Umwelt in den Ländern leidet. Auf entsprechende (Umwelt-)Standards wird oft nicht (viel) Rücksicht genommen. Sie würden auch die Produktionskosten erhöhen. Wie viel Geld letztlich in den Herkunfts- und Produktionsländern verbleibt, ist gut an den Produktionskosten zu sehen, die beispielsweise bei der Herstellung eines T-Shirts anfallen.

EA

Aufgabe: *Bei einem T-Shirt fallen Kosten u. a. für Herstellung, Transport und Verkauf an. Schätze einmal, wie viel die Kosten jeweils in Euro und Prozent betragen?*

Material	€	%
Lohn in der Fabrik	€	%
Gewinn der Fabrik	€	%
Transport und Zwischenhandel	€	%
Bruttogewinn der Marke	€	%
Handelsspanne	€	%
Gesamtpreis	29,– €	100 %

[1] *Substitution: Produkte oder Dienstleistungen werden durch andere ersetzt, die dem gleichen Zweck dienen; substituere (lat.) = ersetzen*

[2] *Wertschöpfungskette: Mit einer Wertschöpfungskette wird die Umwandlung eines Rohstoffes oder Produktes in eine Ware mit höherem finanziellen Wert bezeichnet. Jedes Unternehmen muss bei der Produktion einer Ware verschiedene Kosten berücksichtigen (Material, Arbeitslohn u. a.). Am Ende steht der Verkauf, bei dem ein Gewinn übrigbleiben soll (Wertschöpfung).*

24 Geopolitische Machtblöcke – weltweite wirtschaftliche Verflechtungen

Die jüngsten politischen Ereignisse wie der Krieg in der Ukraine bestätigen diese Entwicklung. Politik und Handel stehen in einem mehr oder weniger engen Zusammenhang. Das gilt umso mehr, weil die Welt wieder in geopolitische Machtblöcke auseinanderzufallen droht und demokratische wie autoritäre Staaten sich gegenüberstehen.

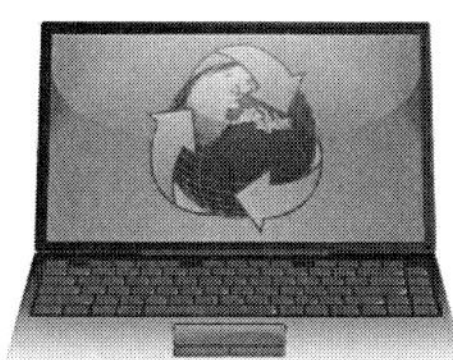

Auf der anderen Seite ist die Welt aufgrund seiner wirtschaftlichen Verflechtungen immer enger zusammengewachsen. Weltweite Arbeitsteilungen und Just-in-Time[1]-Produktionen haben dafür gesorgt, dass selbst kurzfristige Störungen der Lieferketten zu erheblichen Einschränkungen führen. Können Produkte beispielsweise nicht mehr rechtzeitig geliefert werden, weil Containerschiffe wegen Coronamaßnahmen vor großen Häfen wie z. B. Shanghai festliegen, stockt die Weiterverarbeitung. Fehlen beispielsweise der Chemie-Industrie Zulieferungen oder wird die Verarbeitung aufgrund des Energiebedarfs in Deutschland zu teuer, verlegen die Firmen ihre Produktionsstandorte in Länder, wo es billiger ist. Dies ist heute aufgrund weltweiter Lieferketten schneller möglich. Und Deutschland ist vorrangig (noch) ein Industrie-Standort.

Aber auch Deutschland erlebt einen tiefgreifenden wirtschaftlichen Wandel. Deutschlands „Rohstoff" – so heißt es häufig – umfasst Ausbildung, Qualifizierung und Bildung. Immer mehr Menschen machen inzwischen ihren Hochschulabschluss. Nicht nur in Deutschland, auch in vielen anderen Ländern mit großen Volkswirtschaften nimmt zugleich die Bevölkerung im erwerbsfähigen Alter ab. Viele Arbeitsplätze bleiben deshalb unbesetzt. Es wird davon ausgegangen, dass in den nächsten Jahren rund 2 Mio. Arbeitsplätze nicht besetzt werden können. Dabei geht es nicht nur um Stellen für Hochqualifizierte oder Facharbeiter, sondern auch um einfachere Tätigkeiten.

In Zukunft werden Fachkräfte aus dem Ausland nötig sein. Die Rede ist von 400 000-500 000, die jedes Jahr „netto" nach Deutschland einwandern müssten, um das Fachkräfte-Defizit auszugleichen. Dazu kommen Angehörige und Familien – zusammen etwa 1-1,5 Mio. Menschen – mithin eine große Aufgabe für die Integration[2]. Deutschland steht damit aber nicht allein da. Und auch das ist ein Zeichen der Globalisierung: Es gibt eine weltweite Konkurrenz um die Anwerbung von Fachkräften. Andere große Volkswirtschaften wie die USA – die größte Volkswirtschaft der Welt – oder Kanada suchen ebenfalls weltweit nach Arbeitskräften. Trotz weiterwachsender Weltbevölkerung schrumpft die Bevölkerung in den großen Volkswirtschaften – darunter auch in China. Und der „Nachholeffekt" nach Corona beschleunigt wieder die Suche nach Arbeitskräften.

EA **Aufgabe:** *Das merke ich mir, das bleibt mir in Erinnerung:*

____

____

____

____

[1] *Just-in-Time-Produktionen: Vor-Produkte müssen genau zum richtigen Zeitpunkt an den Ort einer Firma gelangen, wo sie zur Weiterverarbeitung benötigt werden. Zulieferer im Autobau müssen beispielsweise dafür sorgen, dass für die Fertigung notwendige Bestandteile (Achsen oder Getriebe) rechtzeitig für die Endfertigung vor Ort sind.*

[2] *Mit Integration wird die Aufnahme von Menschen in ihnen noch fremde Gesellschaften beschrieben. Dabei kann es sich um Flüchtlinge oder Arbeitssuchende handeln.*

Viele Krisen greifen ineinander

Nach der Corona-Pandemie kam gleich die nächste Krise mit Russlands Angriffskrieg auf die Ukraine und in Folge die Energiekrise mit hohen Kosten sowie weltweiten Inflationsraten im zum Teil zweistelligen Bereich. Dazu besteht das alles überragende Problem des Klimawandels.

Die Fragen bleiben:

- Wie wird es weitergehen mit Globalisierung und Weltwirtschaft?
- Werden Abhängigkeiten reduziert?
- Setzen jetzt die großen Volkswirtschaften verstärkt auf Autarkie[1]?
- Subventionieren sie ihre im Land ansässigen Firmen mit dem Ziel weitestgehender Unabhängigkeit und schützen sie sich vor Konkurrenz mit Zollschranken?
- Kommt es vermehrt zu Handelsstreitigkeiten wie aktuell zwischen den USA und China oder auch innerhalb der „westlichen" Welt zwischen der EU und Nordamerika?
- Kann der Wohlstand gehalten werden?
- Kann er in der Welt besser verteilt werden?

Immer noch leben Millionen von Menschen in extremer Armut. Und die Ärmsten leiden am ehesten unter hohen Preisen für Energie und Nahrungsmittel.

Trotz reicher Rohstoffvorkommen und Exporte in die großen wie mächtigen Volkswirtschaften (in Nordamerika, Europa und Asien) bleibt das Steueraufkommen in den Ländern des „globalen Südens[2]" eher gering. Wer bestimmt hier die „Spielregeln"? Internationale Verträge sorgen eher dafür, dass die reicheren Länder profitieren. Firmen und Konzerne werden zumeist in den Ländern ihrer Konzernzentralen besteuert. Zwar hat es 2021 – koordiniert durch die OECD[3] – einen weltweiten Kompromiss für eine weltweite Mindeststeuer gegeben, doch die Einnahmen der Entwicklungs- und Schwellenländer bleiben vergleichsweise gering. Damit fehlt ihnen auch das Geld, um in Entwicklung von Technologien oder künftiges Wachstum zu investieren.

Die Globalisierung scheint an ihre Grenzen gekommen zu sein. Die Kluft zwischen armen und reichen Ländern wird größer. Ökologischen Risiken kann nicht länger ausgewichen werden. Weltweite Spannungen nehmen zu, ebenso nationale Sicherheitserwägungen und Kosten für militärische Verteidigung. Globale Rivalitäten ringen – wie im „Kalten Krieg" der 50er bis 80er Jahre des letzten Jahrhunderts – um Macht- und Einflusszonen. Dazu gehörten in der damaligen Zeit „Stellvertreter-Kriege" und die Nutzung wirtschaftlicher Interessen für Ziele jeweiliger Machtblöcke (Ost und West). Um jedoch weltweite Ungleichheit, Armut und die Menschheitsaufgabe, den Klimawandel, zu bekämpfen, sind weitaus mehr Transparenz und weltweite Kooperation nötig.

EA

Aufgabe: *Notiere in Stichwörtern auf einem Extrablatt: Was lässt sich sagen über …*

a) die großen Probleme der Zukunft?

b) die neuen Herausforderungen großer Volkswirtschaften?

c) reiche und arme Staaten und deren Abhängigkeiten?

---

[1] Autarkie: Herstellung wirtschaftlicher Unabhängigkeit. Es werden nur oder vorrangig Güter oder Produkte genutzt, die im eigenen Land produziert werden.

[2] Globaler Süden: Mit dem Begriff „Globaler Süden" werden eher wirtschaftlich schwächere Staaten in Südasien, Afrika und Südamerika beschrieben.

[3] OECD: Organisation wirtschaftlicher Zusammenarbeit. Ziele sind u. a. Wirtschaftswachstum, Entwicklung und Wohlstandswachstum aller beteiligter Länder. Die Mitgliedsländer (38) verteilen sich über fast alle Erdteile.

26 Demografie[1] und Migration[2]

Um das Jahr 1200 lebten etwa 400 Mio. Menschen auf der Erde. Die Pest – auch „Schwarzer Tod" genannt – dezimierte in den folgenden Jahrhunderten die Bevölkerung in Europa arg. Wohl etwa jeder Dritte ist damals an der Pest gestorben. Im Laufe der folgenden Jahrhunderte stiegen die Bevölkerungszahlen nur langsam an. Für 1700 wird die weltweite Bevölkerung auf etwa 600 Mio. geschätzt.

Mit Beginn der Industrialisierung im 18. Jahrhundert nahm die Bevölkerung stark zu. Binnen 150 Jahren verdoppelte sich die Zahl. Um 1900 lebten 1650 Mio. Menschen auf der Erde, 1960 waren es bereits 3 Milliarden.

Heute sind es über 8 Milliarden. Die Zahlen, so die Prognosen, werden weiterhin steigen. Diese Fragen stellen sich:

- Verkraftet das die Erde?
- Können so viele Menschen ernährt werden?

Theoretisch ja. Doch das ist unter anderem eine Frage der Verteilung, der Nutzung landwirtschaftlicher Flächen und des allgemeinen Verbrauchs an Nahrungsmitteln. Hinzu kommt das Problem des Zuganges zu sauberem Wasser.

Unbestritten ist, dass der Ressourcenverbrauch (Rohstoffe, Energie, landwirtschaftliche Nutzflächen) weltweit sehr unterschiedlich ausfällt. Gerade dort, wo die Bevölkerungszahlen eher zurückgehen, werden am meisten Ressourcen verbraucht. Sie werden gewissermaßen „übernutzt". Würde die ganze Welt so wirtschaften bzw. Ressourcen verbrauchen wie Deutschland, würden etwa 3 Erden benötigt werden (Stand: 2023).

Dort, wo der größte Reichtum oder auch Wohlstand existiert, wird also am meisten verbraucht. Ein weiteres Problem sind die steigenden Treibhausemissionen.

EA

Aufgabe: *Schätze, wie viele Menschen zu den genannten Jahreszahlen auf der Erde gelebt haben. Trage die Bevölkerungszahlen auf der Zeittafel ein.*

Jahre:

1	1000	1500	1750	1800

Jahre:

1850	1900	1950	2000	2020

[1] *Demografie kommt vom griechischen Wort „demos" (Volk) und beschäftigt sich mit der Zusammensetzung und Entwicklung von Bevölkerungen.*

[2] *Von Migration wird gesprochen, wenn Menschen oder ganze Bevölkerungsgruppen innerhalb ihres Landes ihren Wohnort wechseln oder über Ländergrenzen hinweg flüchten.*

27 Zukünftige Bevölkerungsentwicklung

Insgesamt wird sich die Bevölkerungsentwicklung aber abflachen. Nach langer Zeit ist die weltweite Wachstumsrate in 2022 auf unter 1 % gefallen. Trotzdem wird die Weltbevölkerung in diesem Jahrhundert noch deutlich wachsen.

Das hat vor allem damit zu tun, dass gerade in afrikanischen und asiatischen Staaten weiterhin hohe Geburtenraten den Bevölkerungszuwachs antreiben. Außerdem steigt – nicht zuletzt aufgrund einer besseren medizinischen Versorgung und Ernährung – weiterhin das Durchschnittsalter. Entsprechend hat in den letzten Jahrzehnten die weltweite Lebenserwartung erheblich zugenommen. Sie ist von Mitte 60 auf etwa 73 Jahre angewachsen. In Deutschland beträgt das aktuelle Durchschnittsalter 74,7 Jahre. Die Lebenserwartung liegt für neugeborene Mädchen bei 83,4 Jahren, für Jungen bei 78,6 Jahren, so das statistische Bundesamt.

Weltweit liegt die Geburtenrate bei etwa 2,3 Kindern pro Frau, in Europa bei ca. 1,5. Vor 70 Jahren war sie noch mehr als doppelt so hoch. Gerade die Geburtenraten im Verhältnis zur Lebenserwartung bestimmen das Wachstum der Bevölkerung.

Großen Einfluss haben aber auch wirtschaftliches Wachstum und allgemeine Bildung. Viele Kinder waren und sind in eher ärmeren Ländern gewissermaßen die „Altersversicherung“ für ihre älter werdenden Eltern. Mit Wachstum, mehr Wohlstand und staatlicher Altersabsicherung reduzieren sich diese Sorgen. D. h., bei wachsendem Wohlstand und steigendem Bildungsniveau werden die Familien kleiner. Familienplanung führt zu weniger Geburten und kleineren Familien.

Das hat Folgen für Wirtschaft und Gesellschaft. Es wird immer weniger Menschen in arbeitsfähigem Alter geben. Auch in etlichen europäischen Staaten sinken inzwischen die Bevölkerungszahlen. Doch die technologische Entwicklung, ein vergleichsweise gutes Wohlfahrts- sowie Sozialversicherungssystem und damit die Absicherung der Älteren können dies dort – im Gegensatz zu Staaten wie China – bislang abpuffern.

EA **Aufgabe 1**: *Ergänze folgende Sätze:*

a) Zwischen ____________________ und ____________________ hat sich die Bevölkerungszahl auf der Erde etwa verdoppelt.

b) Die Bevölkerungsrate eines Landes ist abhängig von der ____________________ und ____________________.

c) Die Folge einer schrumpfenden Bevölkerung besteht u. a. wegen weniger Menschen in ____________________ ____________________.

d) Wachsender ____________________ und zunehmendes ____________________ führen zu sinkenden Geburtenraten.

PA **Aufgabe 2**: *Beantworte folgende Fragen auf einem Extrablatt. Überlege zunächst allein. Suche dir dann einen Partner.*

a) Warum wachsen in den ärmeren Ländern auf der Welt weiterhin die Geburtenraten? Nenne mehrere Gründe.

b) Warum sind in den reichen Ländern die Geburtenraten rückläufig?

c) Kannst du Dir vorstellen, warum die Prognosen davon ausgehen, dass der Höchststand der Erdbevölkerung wohl um die Jahrhundertwende erreicht wird?

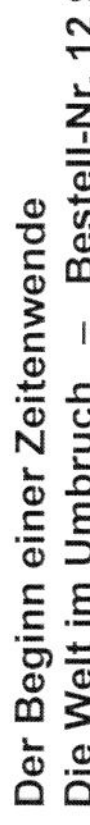

28 Folgen demografischer Entwicklungen

Die meisten Menschen leben in Asien. Indien hat China vor kurzer Zeit mit über 1,4 Milliarden Menschen als bevölkerungsreichstes Land abgelöst. In Afrika wird die Bevölkerung noch deutlich wachsen, besonders in Nigeria, Niger, Ägypten, Äthiopien und Tansania. Aktuell leben in Afrika etwa 1,25 Milliarden Menschen. Um 2050 werden es doppelt so viele sein. Die aktuelle Wirtschaftslage und das zu erwartende Wachstum sind aber bislang nicht in allen Ländern stark genug, um alle Menschen ausreichend zu versorgen und zu einem ausreichenden oder – in Maßstäben der europäischen Welt – bescheidenen Wohlstand zu verhelfen.

Es fehlt an technologischer und wirtschaftlicher Entwicklung sowie an Arbeit und Nahrungsmitteln. Viele ärmere Länder sind reich an Rohstoffen, die jedoch exportiert werden. D. h., die „Veredelung" und Produktentwicklung findet nicht vor Ort statt. Davon profitieren bislang eher die wohlhabenden Länder. Nötig sind mehr gleichberechtigte und faire Kooperationen. Ein Land wie der Niger wird seine Bevölkerungszahl in den kommenden Jahren verdreifachen – von 21 Millionen auf 66 Millionen. Das Pro-Kopf-Einkommen beträgt jedoch nur ca. 850 Euro im Jahr. Auf der anderen Seite gibt es aufwärtsstrebende afrikanische Staaten mit vielen eigenen Lösungen für wirtschaftliche Entwicklungen. Dafür muss aber die Weiterverarbeitung ihrer Rohstoffe im Land bleiben. Diese Staaten müssen bessere Bedingungen für einen Zugang zum „Markt" der wohlhabenden Länder erhalten.

Bislang aber ist eher zu erwarten, dass mehr Menschen sich auf den Weg zu einem besseren Leben machen und ihr Land verlassen. Die Folge ist eine weiterwachsende Migration. Umfragen gehen davon aus, dass südlich der Sahara jeder Dritte bereit wäre, sein Land zu verlassen. Noch immer müssen ca. 800 Millionen Menschen auf der Erde hungern. Die Situation ließe sich ändern. Es liegt weniger am Nahrungsmittelmangel, sondern eher an einer ungerechten Verteilung.

Aufgabe:

- *Überlege einige Minuten für dich allein: Was muss passieren, um mit einer wachsenden Weltbevölkerung umzugehen und eine steigende Migration in vernünftige Bahnen zu lenken?*
- *Bildet dann Vierer-Gruppen. Schreibt gemeinsam auf einem großen Extrablatt Stichwörter zu den Punkten a-f auf.*

a) *Haltet alle Vorschläge fest, die euch bisher zu der obigen Frage eingefallen sind.*

b) *Was wäre davon am wichtigsten und sollte möglichst schnell umgesetzt werden?*

c) *Was wäre der unmittelbare Nutzen eurer Vorschläge?*

d) *Wozu wisst ihr noch zu wenig, was würdet ihr noch an Informationen benötigen?*

e) *Ihr habt jetzt schon einiges zusammengetragen. Fragt euch jetzt: Wo liegen die Risiken eurer bisherigen Vorschläge?*

f) *Schaut euch alles noch einmal an. Was kommt euch spontan an Empfindungen oder Gefühlen in den Sinn?*

29 Umbau von Produktion und Wirtschaft (Blatt 1)

Die Tatsache von 8 Milliarden Menschen auf der Erde ist – trotz immer noch existierender Armut und Bevölkerungswachstum – auch ein Beweis für den Fortschritt in Agrarwirtschaft, Gesundheit und Medizin. Bislang hat die Produktion von Nahrungsmitteln mit der Bevölkerungsentwicklung Schritt gehalten. Doch wie sieht die Zukunft aus? Die Produktion von Lebensmitteln könnte durch ertragreichere Pflanzen gesteigert und bessere Lieferketten optimiert werden. Kleinbauern in Entwicklungsländern könnten stärker unterstützt und Pflanzen im Labor erzeugt werden. Hilfreich wäre auch die Reduzierung des Verzehrs von Fleischprodukten gerade in Ländern mit hohem Wohlstand.

Weltweit hat sich der Fleischkonsum in den letzten 60 Jahren vervierfacht. Weniger Nutztiere würden weniger Flächen für Futtermittelanbau und damit geringere Emissionen bedeuten. Aktuell wird allein ein Drittel der landwirtschaftlichen Nutzfläche für Tierfutter verwendet, in Europa fast doppelt so viel. Weniger Fleischkonsum würde deshalb bedeuten, dass mehr Fläche für den Anbau von z. B. Früchten zur Verfügung steht.

Ein weiterer Tatbestand ist, dass ein erheblicher Teil der Agrarprodukte inzwischen auch in die Erzeugung von Kraftstoffen geht. Ressourcen werden also für Mobilität und Autoverkehr verbraucht. Dieser Verbrauch – der ökologische Fußabdruck – ist in den europäischen Ländern deutlich höher als beispielsweise in Asien oder den afrikanischen Ländern. Verantwortlich dafür ist u. a. der Konsum oder Lebensstil in den reichen Ländern. Grundsätzlich wären genügend Lebensmittel für alle Menschen da. Sie müssten aber gerechter verteilt werden. Der „Über-Konsum“ in den reichen Ländern und damit Wirtschaft, Ressourcenverbrauch, Ökosysteme sowie Bevölkerungsentwicklung stehen in einem engen Zusammenhang. Man könnte auch sagen: Nicht eine weiterwachsende Weltbevölkerung ist das vorrangige Problem, sondern der Ressourcenverbrauch und Lebensstil gerade in den reichen Ländern.

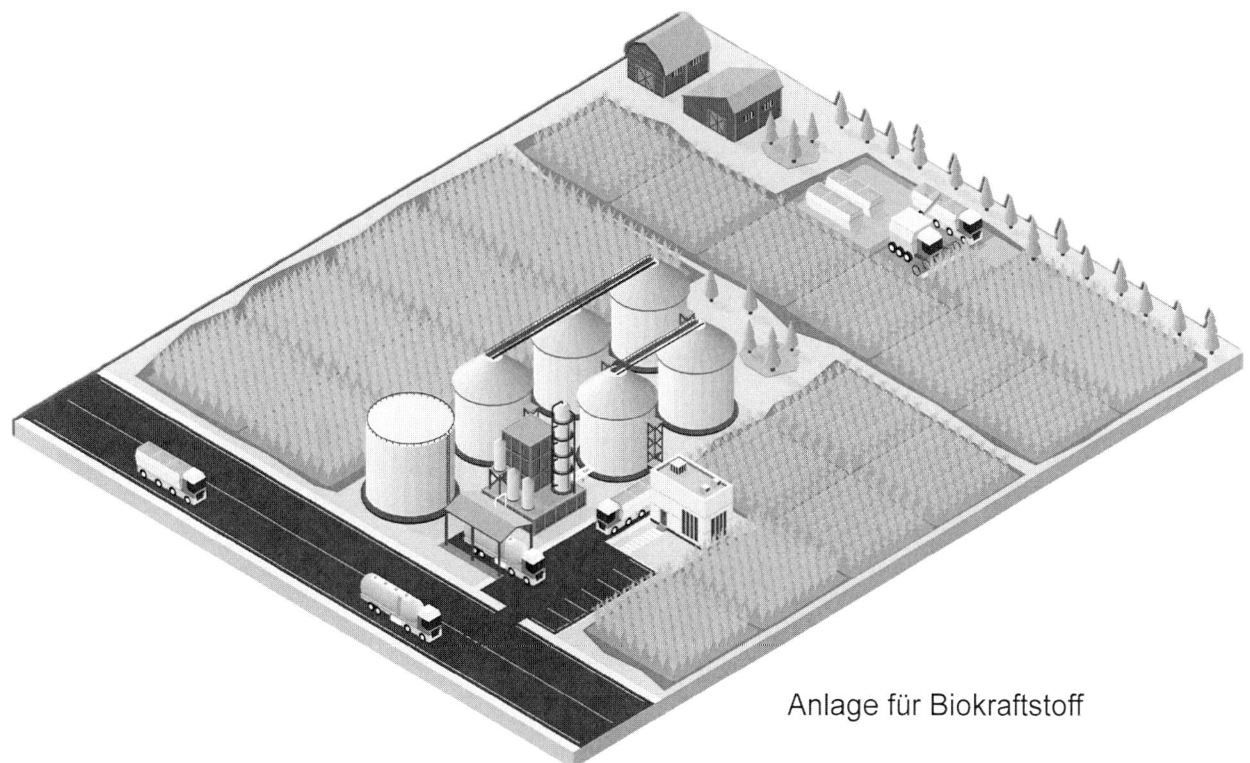

Anlage für Biokraftstoff

KOHL VERLAG Der Beginn einer Zeitenwende Die Welt im Umbruch – Bestell-Nr. 12 955

29 Umbau von Produktion und Wirtschaft (Blatt 2)

Um diese Tendenzen zu verändern, braucht es beispielsweise Produktionen, die weniger natürliche Ressourcen und Rohstoffe verbrauchen. Zugleich müssen Entwicklungsländer/ärmere Staaten stärker an wirtschaftlicher Entwicklung und Wohlstand teilhaben. Es braucht Solidarität auf Augenhöhe und ohne Bevormundung – beispielsweise durch Technologietransfer und Rohstoff-Partnerschaften zwischen ärmeren und Wohlstandsländern. Kurzum: Erforderlich sind ein tiefgreifender Umbau von Volkswirtschaften und eine gerechtere globale Verteilung.

EA

Aufgabe 1: *Fasse in eigenen Sätzen zusammen:*

a) *Was muss passieren, damit auch bei wachsender Bevölkerung die Versorgung mit Nahrungsmitteln sichergestellt werden kann?*

____

____

____

b) *Was müsste sich in den reichen Ländern am Lebensstil ändern?*

____

____

____

c) *Was sind die Gründe, weshalb Menschen aus ihren Geburtsländern fliehen?*

____

____

____

d) *Der ökologische Fußabdruck: Kannst Du ihn kurz in eigenen Worten erläutern?*

____

____

____

EA

Aufgabe 2: *Was gehört zu deinem Lebensstil? Worauf könntest du leicht verzichten, worauf weniger, worauf gar nicht? Lege Dir dazu 3 Listen mit Stichwörtern an.*

Darauf könnte ich …		
leicht verzichten	weniger verzichten	gar nicht verzichten

Der Beginn einer Zeitenwende

30 Fluchtursachen

Ohne wirtschaftliche und nachhaltige Entwicklung dürfte die Zahl der Flüchtlinge weiterhin zunehmen. Gründe sind unter anderem Verfolgung, Krieg und Diskriminierungen. Aber es ist eben auch die wirtschaftliche Not. Gerade junge Leute sind es, die sich auf den Weg zu einem besseren Leben machen. Nach Angaben des UN-Flüchtlingshilfswerkes waren Ende des Jahres 2022 108,4 Mio. Menschen weltweit auf der Flucht. Die allermeisten von ihnen – schätzungsweise 70-80 % – werden von den Nachbarländern aufgenommen. Verantwortlich sind neben Kriegen, Verfolgung und Hunger auch Umweltkatastrophen. Sie zwingen die Menschen, innerhalb ihres Staates in andere Regionen zu fliehen.

Klimaveränderungen – beispielsweise steigende Temperaturen in äquatorialen Ländern – dürften die Zahl der Flüchtlinge noch deutlich vergrößern. Auch die Auswirkungen der Covid-Pandemie hat die Armut erneut wachsen lassen. Aktuell sind es Länder wie Syrien, Afghanistan, Venezuela und der Sudan, aus denen viele Menschen fliehen. Die meisten von ihnen kommen in den Anrainer-Staaten unter. Nur wenige kehren jedoch zurück.

Eine große Zahl von ihnen sind Kinder und Jugendliche. Schätzungen gehen von mehr als 40 % aus. Unter ihnen auch die, die sich als „Alleinreisende" auf den Weg machen. Eine besondere Situation hat der Angriffskrieg Russlands in der Ukraine geschaffen. Er hat unter anderem zu starken Fluchtbewegungen nach Europa geführt. Besonders osteuropäische Staaten und Deutschland haben viele Flüchtlinge aus der Ukraine aufgenommen.

EA

Aufgabe 1: *Wo liegen die Länder (u. a. Syrien, Afghanistan, Venezuela, Sudan), aus denen aktuell die Menschen fliehen? Setze jeweils ein Kreuz auf der Weltkarte.*

EA

Aufgabe 2: *Versuche dich in die Lage eines gleichaltrigen Flüchtlings zu versetzen: (Notiere deine Antworten in Stichwörtern auf einem Extrablatt.)*

a) Was glaubst du könnten Gründe für Flüchtlinge sein, um die Heimat zu verlassen?

b) Welche Probleme könnten bei der Flucht drohen?

c) Was wären Zielländer?

d) Weshalb würden sie gerade dorthin flüchten wollen?

EA

Aufgabe 3: *Was vermutest du: Welche Folgen haben die Klimaveränderungen in den äquatorialen Ländern? Lege dir dazu eine Liste an und ordne deine Punkte nach Priorität.*

31 Die Situation in Europa – Notwendige Zuwanderung (Blatt 1)

Nach Europa schaffen es die wenigsten. Auch der Angriffskrieg Russlands in der Ukraine wirkt sich aus. Deutlich über eine Million Menschen sind bislang aus der Ukraine in die Bundesrepublik Deutschland geflüchtet. Für weltweite Aufnahme von Flüchtlingen stellt die UN-Flüchtlingskonvention (1951) die Grundlage dar. Sie verpflichtet die Mitgliedsstaaten, niemanden in ein Land zurückzuweisen, in dem ihm Verfolgung droht. Daneben gibt es in Deutschland das deutsche Asyl-Gesetz. Es steht im Grundgesetz und bietet Schutz für Menschen, die u. a. wegen politischer Überzeugungen, Nationalität oder Religion verfolgt werden. Bei der Aufnahme von Flüchtlingen wie auch bei der Verteilung innerhalb der EU sind sich die Länder zu wenig einig. Es fehlt an gemeinsamen, verbindlichen Lösungen und an sicheren Zugängen sowie legalen Möglichkeiten der Einreise nach Europa.

Die kontroversen Diskussionen entzünden sich an sogenannten „Push"- und „Pull"-Faktoren. Push-Faktoren im Sinne von Motiven, die Menschen außer Landes treiben, wie Kriege, Verfolgung oder wirtschaftliche Nöte. Zudem gibt es Pull-Faktoren, die Anreize bieten und Flüchtlinge zu Migration anhalten oder dazu verleiten, ihr Heimatland zu verlassen. Das können Arbeitskräftebedarf reicher Staaten, legale Einreisemöglichkeiten und ein hohes Wohlstandsniveau in den EU-Staaten sein.

Entsprechend werden Flucht und Zuwanderung – trotz Bedarf an Arbeitskräften sowie gesetzlicher und humanitärer Regelungen – in den wohlhabenden Staaten auch als Bedrohung wahrgenommen. Zunehmend steht deshalb der Vorwurf im Raum, dass die EU-Staaten ihren menschenrechtlichen Schutzverpflichtungen nicht genügend oder sehr unterschiedlich nachkommen und sich an den Außengrenzen abschotten.

Die Rede ist von „Pushback-Aktionen[1]" an den Außengrenzen der EU. Sie sind nicht nur irregulär, sie erschweren die Flucht nach Europa. Gerettete auf Schiffen können nur unter Schwierigkeiten in europäischen Häfen einlaufen. Ein faires Asylverfahren wird vielen – so der Vorwurf – verwehrt oder ist schwierig umzusetzen.

Für die Zukunft ist anzunehmen, dass die Zahl der Flüchtlinge nicht abnehmen wird. Zu vermuten ist eher, dass die Gründe für die Fluchtbewegungen wie Kriege, Umweltkrisen und große wirtschaftliche Nöte noch wachsen werden.

Bislang verbleiben die meisten Flüchtlinge noch innerhalb ihrer Staaten als „Binnenflüchtlinge", d. h. sie flüchten in andere sichere Regionen ihres Landes. Oder sie kommen in den unmittelbaren Nachbarstaaten unter. Doch was wird passieren, wenn Umweltschäden und Klimakatastrophen immer größere Gebiete betreffen sowie ganze Landstriche unbewohnbar machen?

EA

Aufgabe 1: *Zeichne auf dem nächsten Blatt (S. 41) einen „Problembaum" mit vielen Verästelungen. In die Verästelungen trägst du in Stichwörtern Antworten zu folgenden Fragen ein:*

a) *Wie kann den Ländern mit vielen Flüchtlingen geholfen werden?*

b) *Was sind Push-, was Pull-Faktoren? Benenne einige.*

c) *Was sollte Europa für faire Asylverfahren bzw. für Geflüchtete tun?*

d) *Nenne Gründe für Flucht und Migration.*

[1] Pushback-Aktionen: *Aktionen, mit denen Flüchtlinge bei Grenzübertritt zurückgedrängt werden*

31 Die Situation in Europa – Notwendige Zuwanderung (Blatt 2)

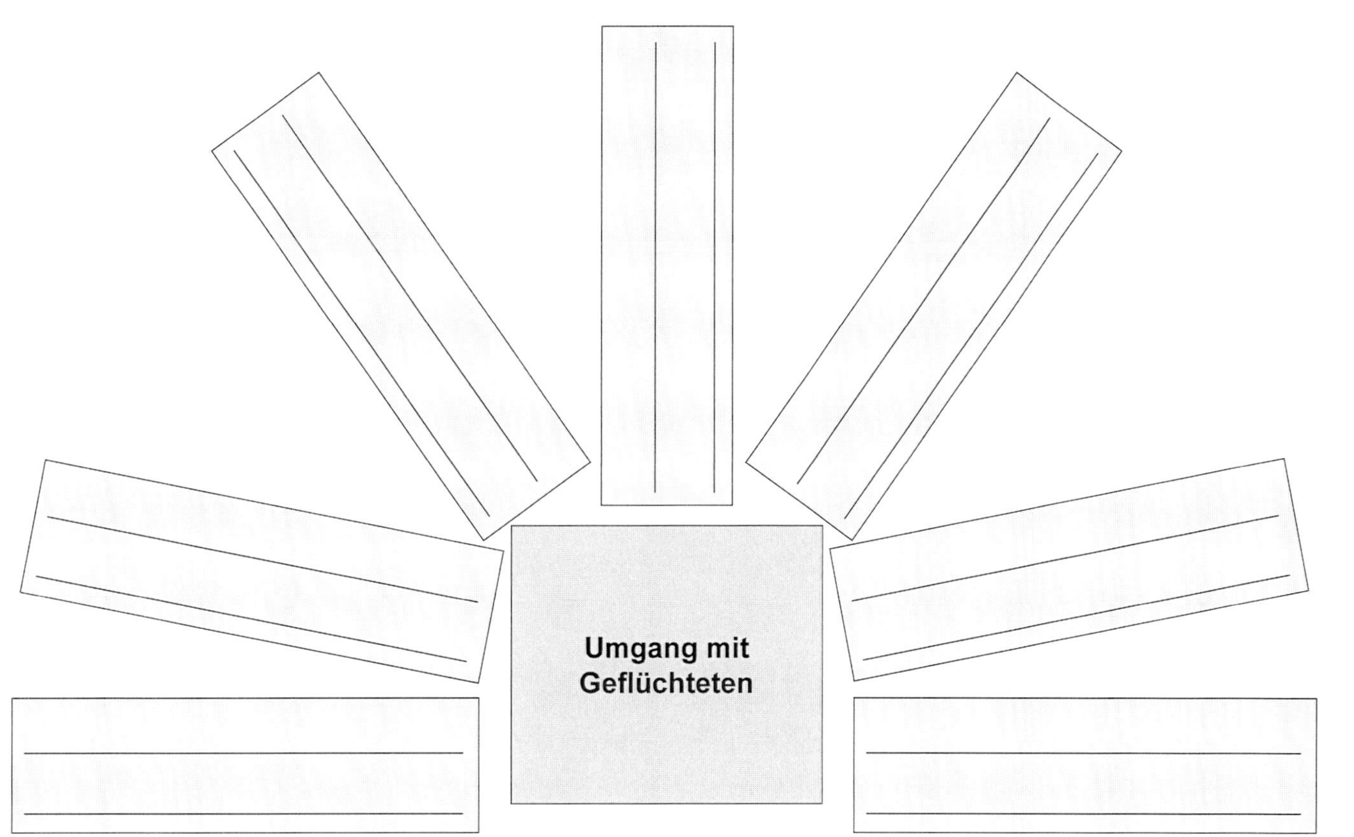

Notwendige Zuwanderung

Aufgrund seiner demografischen Entwicklung ist die Bundesrepublik Deutschland auf Zuwanderung angewiesen. Deutschland hat eine alternde Gesellschaft und benötigt eine Zuwanderung besonders von Fachkräften. Deutschland braucht schätzungsweise eine jährliche Netto-Zuwanderung von 400 000 bis 500 000 Menschen, um freiwerdende Arbeitsplätze zu besetzen und damit Produktivität sowie Wohlstand zu erhalten.

Bereits Ende der 1950er Jahre fehlten Arbeitskräfte in der Bundesrepublik Deutschland. Die damalige Bundesregierung schloss deshalb ein Anwerbeabkommen mit Spanien, Italien und der Türkei ab. Man ging davon aus, dass die „Gastarbeiter" wieder in ihr Land zurückkehren würden. Doch viele blieben in der Bundesrepublik Deutschland und wurden hier sesshaft. Kinder und Enkelkinder haben sich integriert. Aus ihnen wurden Industriearbeiter, Handwerker, Akademiker, Politiker ...

Inzwischen haben mehr als ein Viertel der Einwohner in der Bundesrepublik Deutschland einen Migrationshintergrund. In Großstädten dürfte das heute sogar auf ca. die Hälfte aller neugeborenen Kinder zutreffen.

EA

Aufgabe 2: *Ergänze folgende Sätze:*

a) Deutschland hat eine ____________________ Gesellschaft und benötigt ______________________________.

b) Ende der ____________________ hat Deutschland ein ____________________ abgeschlossen, um ____________________ zu bekommen.

c) Etwa ____________ der Einwohner in Deutschland haben einen ______________________-Hintergrund.

Der Beginn einer Zeitenwende
Die Welt im Umbruch – Bestell-Nr. 12 955
KOHL VERLAG

32 Gesetzliche Regelungen

Mehrfach wurden in den letzten Jahrzehnten die Gesetze für Zu- und Einwanderung verändert und liberalisiert, man könnte auch sagen: nachgebessert. Deutschland wollte attraktiver für gute und hochqualifizierte Arbeitskräfte werden. Dazu vereinfachte die Bundesregierung die Anerkennung von Abschlüssen mit der sogenannten „Blauen Karte EU".

2020 folgte ein Fachkräfteeinwanderungsgesetz. Auch für Fachkräfte mit nichtakademischen Abschlüssen sollte die Zuwanderung vereinfacht werden. Doch Deutschland scheint auf dem weltweiten Arbeitsmarkt nur mäßig attraktiv zu sein. Sprache und lange bürokratische Wege bei der Anerkennung von Abschlüssen sind ein Problem, ebenso der Nachzug von weiteren Familienmitgliedern oder Beschäftigungen unterhalb der Qualifikationen.

Hoch-Qualifizierte gehen zumeist dahin, wo bereits entsprechende „Communities[1]" und persönliche Beziehungen existieren. Da haben klassische Einwanderungsländer wie die USA oder auch Kanada Vorteile. In beiden Ländern ist die Verkehrssprache Englisch. Deutsch spricht weltweit gerade einmal 1-1,5 % der Weltbevölkerung. Fast 380 Mio. Menschen haben Englisch als Muttersprache. Dazu kommt, dass Englisch in vielen Ländern auch die Zweitsprache ist. Mit fast 1,4 Milliarden Menschen ist Englisch die meist gesprochene Sprache auf der Welt. Aktuell soll das Einwanderungsgesetz reformiert werden. Ein entsprechender Gesetzesentwurf wurde bereits vom Bundeskabinett verabschiedet.

EA **Aufgabe 1**: *Überlege kurz und schreibe einige Punkte auf, die nach deiner Meinung wichtig wären, um Fachkräfte für den Arbeitsmarkt zu gewinnen?*

EA **Aufgabe 2**: *Stelle eine „Top Five" der weltweit am meisten gesprochenen Sprachen auf. Informiere dich im Internet.*

Platz	Sprache	Anzahl Sprechende (nicht nur Muttersprachler)
1.		
2.		
3.		
4.		
5.		

[1] Communities: Menschen, die u. a. einen gemeinsamen kulturellen und sprachlichen Hintergrund haben

33 Arbeitsmarkt und Geflüchtete

Deutschland hat in den letzten Jahren (auch) im Vergleich zu anderen EU-Staaten viele Geflüchtete aufgenommen. Etliche verfügen jedoch nur über eine begrenzte Aufenthaltserlaubnis oder ihr Status ist noch nicht abschließend geklärt. Ferner besteht das Problem, dass vielen eine formelle oder hier anerkannte Qualifikation fehlt.

Bislang konnte nur ca. ein Drittel der Geflüchteten in den Arbeitsmarkt integriert werden. Nötig sind mehr Unterstützung und Qualifizierungsmöglichkeiten, außerdem ein sicherer Aufenthaltstitel sowie eine Beschäftigungserlaubnis.

Erteilt werden sie von den zuständigen Behörden wie Arbeitsagentur und Ausländerbehörde. Sie prüfen unter anderem, ob nicht stattdessen ein „Inländer" beschäftigt werden kann. Die Verfahren können entsprechend lange dauern.

Eine Ausnahme bilden sogenannte Kontingentflüchtlinge[1]. Sie haben sofort Zugang zum Arbeitsmarkt. Kontingentflüchtlinge sind Menschen, die aus humanitären Gründen aus Krisengebieten aufgenommen werden. Die Bundesregierung oder genauer der Bundesinnenminister legt in diesem Fall fest, wie viele aufgenommen werden. Deshalb heißen sie Kontingentflüchtlinge. Beispielsweise kamen in den 1990er Jahren mehrere tausend jüdische Kontingentflüchtlinge aus Russland nach Deutschland.

Anders verhält es sich bei ukrainischen Geflüchteten, die aufgrund der Kriegssituation in der Ukraine keinen Antrag auf Asyl benötigen. Sie können sich visumfrei in Deutschland aufhalten und haben mit einer Aufenthaltserlaubnis Zugang zum hiesigen Arbeitsmarkt. Sie unterliegen auch keiner Residenzpflicht, d. h. sie müssen nicht an einem Wohnort bleiben. Rechtliche Grundlage für diese Regelung ist die „EU-Massenzustrom-Richtlinie". Diese Regelung wurde erstmalig in der EU für Geflüchtete aus der Ukraine zur Anwendung gebracht.

EA

Aufgabe: *Welche Möglichkeiten gibt es, um in Europa Zuflucht zu finden? Erkläre sie jeweils kurz.*

[1] *Kontingent: eine bestimmte Anzahl von Plätzen, Produkten oder Personen*

Zugänge zum Arbeitsmarkt – Zukünftige Entwicklungen

Flüchtlinge, die nicht der genannten Richtlinie unterliegen, sind weiterhin auf einen Asylantrag angewiesen. Es wird aber immer schwieriger, zwischen Flucht und Arbeits-Migration klar zu unterscheiden. Außerdem gibt es viele, die bislang in Deutschland nur geduldet werden, aber schon viele Jahre hier leben. Eine Rückkehr in ihre Herkunftsländer ist aus unterschiedlichen Gründen (wie Krieg und Verfolgung) kaum möglich bzw. wäre eine Bedrohung für Leib und Leben.

Zugleich gibt es viele offene Arbeitsstellen. Die Bundesregierung hat deshalb die Möglichkeit eines „Spurwechsels" geschaffen. Sie besteht seit Beginn des Jahres 2023 und nennt sich „Chancen-Aufenthaltsrecht". Dadurch soll Flüchtlingen, die schon länger (mindestens 5 Jahre) in Deutschland sind und bislang nur geduldet wurden, der Zugang zum Arbeitsmarkt erleichtert und ihnen eine dauerhafte Bleibeperspektive ermöglicht werden. Wer bereits 5 Jahre hier lebt, kann unter bestimmten Bedingungen eine zunächst auf 18 Monate befristete Aufenthaltsgenehmigung erhalten. Wer während dieser Zeit u. a. Arbeit findet und die deutsche Sprache erlernt, hat gute Chancen auf ein dauerhaftes Bleiberecht in Deutschland. Außerdem muss Klarheit über die Identität bestehen und es darf keine Straffälligkeit vorliegen.

Es ist offensichtlich: Deutschland braucht Arbeitskräfte in allen Bereichen und für alle Qualifikationsstufen.Verdrängungseffekte – sowohl auf dem Arbeits- wie auch auf dem Wohnungsmarkt – können jedoch für Unfrieden und auch für Diskriminierungen unter der Bevölkerung sorgen. Das fängt mit den Auswahlprozessen an. Schon ein ausländischer Name kann Bewerbungen erschweren. In einer jüngsten Umfrage befürchtet fast die Hälfte der Befragten einen zumeist negativen Einfluss auf Deutschland durch Einwanderung. Gleichzeitig ist aber auch die Hälfte der Meinung, dass gut integrierte Ausländer schneller ein langfristiges Aufenthaltsrecht bekommen sollten.

EA PA **Aufgabe:**

- *Überlegt zuerst einzeln, was ihr von den Regelungen, um mehr Arbeitskräfte anzuwerben, haltet und wie man sie verbessern könnte. Sucht euch einen Partner und tauscht euch über eure Argumente aus.*
- *Zum Schluss kommt ihr zu viert zusammen und diskutiert eure Ansichten und Verbesserungsvorschläge. Haltet sie auf einem großen Blatt Papier fest. Es sollten mindestens 4 Punkte sein. Formuliert in ganzen Sätzen.*

Zukünftige Entwicklungen

Die Situation ist kompliziert. Die Verfahren für Zuwanderung sind langwierig und bürokratisch. Eine Unterscheidung zwischen Flucht und Migration ist kaum noch möglich. Zugleich braucht es mehr öffentliche Akzeptanz für Arbeitsmigration und Integration. Die demografische Entwicklung der Bundesrepublik und die Suche nach Arbeitskräften machen es nötig. Die weitere Bevölkerungsentwicklung hängt von Zuwanderung, Geburtenhäufigkeit und Lebenserwartung ab. Die Altersstruktur in der Bundesrepublik lässt erwarten, dass gerade im Erwerbsalter die Bevölkerungszahlen abnehmen werden. Das wird besonders Flächenstaaten und dörflich geprägte Strukturen betreffen. In etwa 10 Jahren – so die Prognosen – werden ca. 20 Mio. Deutsche im Rentenalter sein. Aktuell sind es ca. 16 Mio. Es sind also umfassende und gezielte Anstrengungen für eine zukunftsweisende Integrations- sowie Arbeitsmarktpolitik notwendig.

Aktuell gibt es eine große Zuwanderung aus der Ukraine. Deutlich über 1 Mio. Menschen sind nach Deutschland geflüchtet. Etwa 30 %, laut Umfragen, wollen in der Bundesrepublik Deutschland bleiben. Bislang konnten aber nur ca. 20 % in den Arbeitsmarkt integriert werden.

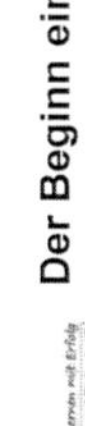

35 Klimawandel und Folgekosten

Bereits Anfang der 1970er Jahre warnten Wissenschaftler davor, die Erde nicht zu überlasten. Sie hatten sich im „Club of Rome“ zusammengeschlossen und beschrieben die Grenzen des Wachstums auf der Erde. Die Wissenschaftler meinten damit, dass so nicht weiter gewirtschaftet werden könnte. Die Belastungen für die Umwelt und damit für die Lebensqualität der Menschheit würden zu groß werden. Die Ressourcen[1] der Erde wären endlich. Es müsste mit ihnen dringend schonender umgegangen werden. Der Planet, auf dem wir leben, würde überlastet werden. Inzwischen sind über 50 Jahre vergangen und die Prognosen von damals scheinen sich zu bewahrheiten. Während der Club of Rome anfänglich nur aus wenigen Wissenschaftlern bestand, sind in ihm inzwischen Experten aus über 30 Ländern zusammengeschlossen. In einem kürzlich erschienenen Bericht wird eine dringende Kehrtwende angemahnt. Angesprochen sind damit das Wirtschaftssystem, der Ressourcenverbrauch und die grundsätzliche Sicherung der Lebensgrundlagen der Menschen. Konkret bedeutet das:

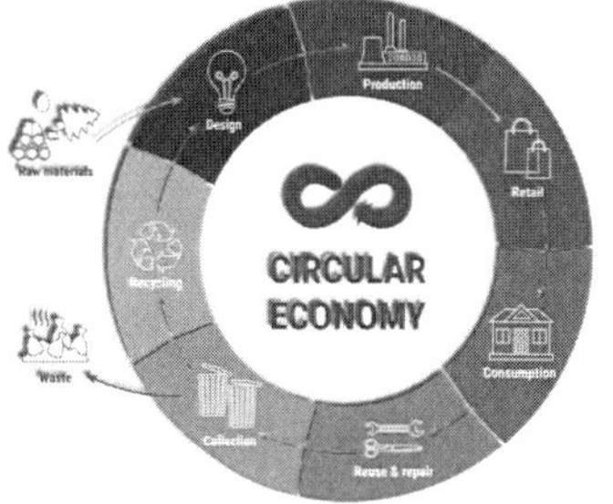

- Beendigung der Armut;
- Beseitigung der eklatanten Ungleichheit;
- Ermächtigung der Frauen;
- Aufbau eines für Menschen und Ökosysteme gesunden Nahrungsmittelsystems;
- Übergang zum Einsatz sauberer Energie;
- Etablierung einer Kreislaufwirtschaft[2]

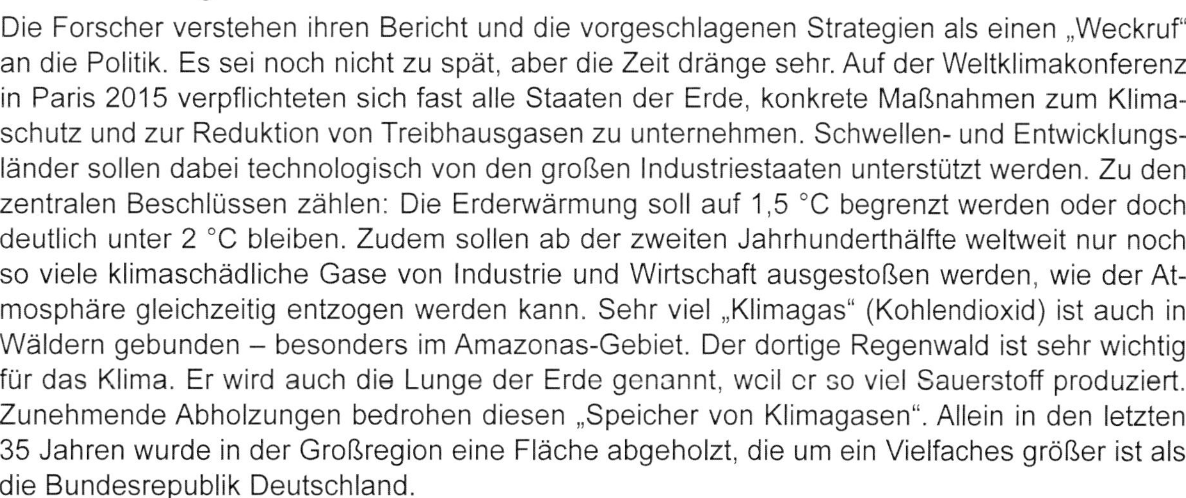

Die Forscher verstehen ihren Bericht und die vorgeschlagenen Strategien als einen „Weckruf“ an die Politik. Es sei noch nicht zu spät, aber die Zeit dränge sehr. Auf der Weltklimakonferenz in Paris 2015 verpflichteten sich fast alle Staaten der Erde, konkrete Maßnahmen zum Klimaschutz und zur Reduktion von Treibhausgasen zu unternehmen. Schwellen- und Entwicklungsländer sollen dabei technologisch von den großen Industriestaaten unterstützt werden. Zu den zentralen Beschlüssen zählen: Die Erderwärmung soll auf 1,5 °C begrenzt werden oder doch deutlich unter 2 °C bleiben. Zudem sollen ab der zweiten Jahrhunderthälfte weltweit nur noch so viele klimaschädliche Gase von Industrie und Wirtschaft ausgestoßen werden, wie der Atmosphäre gleichzeitig entzogen werden kann. Sehr viel „Klimagas“ (Kohlendioxid) ist auch in Wäldern gebunden – besonders im Amazonas-Gebiet. Der dortige Regenwald ist sehr wichtig für das Klima. Er wird auch die Lunge der Erde genannt, weil er so viel Sauerstoff produziert. Zunehmende Abholzungen bedrohen diesen „Speicher von Klimagasen“. Allein in den letzten 35 Jahren wurde in der Großregion eine Fläche abgeholzt, die um ein Vielfaches größer ist als die Bundesrepublik Deutschland.

EA

Aufgabe: *Ergänze folgende Sätze:*

a) Bereits Anfang der 1970er Jahre warnten Wissenschaftler im ______________ ________ __________________ vor einer ________________________ der Erde.

b) Sie verstanden ihren Bericht als ______________________________ an die Politik.

c) Auf der ______________________________ in Paris verpflichteten sich die beteiligten Staaten, konkrete Maßnahmen zum ________________________ und zur ________________________ von ________________________ zu unternehmen.

d) Die Erderwärmung soll auf __________ °C begrenzt werden oder doch deutlich ___________________________ bleiben.

---

[1] *Ressourcen: Mittel oder Güter, die benötigt werden, um bestimmte Ziele zu erreichen*

[2] *Kreislaufwirtschaft: eine Wirtschaft, die verwendete Materialien möglichst häufig wieder verwendet und ältere Produkte wieder aufarbeitet*

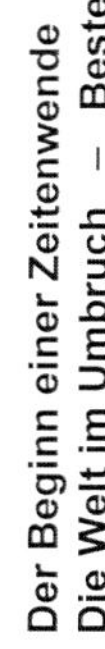

36 Kipp-Punkte und Biodiversität

(Blatt 1)

Die Menge der gerodeten Waldfläche könnte demnächst einen sogenannten Kipp-Punkt erreichen. Mit Kipp-Punkt ist gemeint, dass das gesamte Klimasystem bedroht ist. Zentrale Elemente für das Klima sind neben den Waldflächen die Meeresströmungen oder das Eis auf Grönland und an den beiden Polen. Allein Antarktika hat eine Landfläche, die etwa 37-mal größer als Deutschland ist und zu 98 % von Eis bedeckt wird. Würde das Eis abschmelzen, würde das eine Kettenreaktion an nicht mehr umkehrbaren Folgen haben, es wären damit Kipp-Punkte überschritten. Vergleichen könnte man das mit einer „Kartenpyramide". Am Anfang kann man noch Karten herausziehen und das Gebilde bleibt weiterhin bestehen. Doch bei einem weiteren Zug stürzt plötzlich alles ein – und der Zusammenbruch ist nicht mehr aufzuhalten. Man hat es womöglich nicht kommen sehen. Es brauchte nur einen kleinen letzten Anstoß oder – wie es in der Klimaforschung heißt – eine letzte kleine Störung. Wenn es nicht gelingt, die Erderwärmung auf ca. 1,5 °C – gegenüber der vorindustriellen Zeit – zu begrenzen, könnten in den nächsten 10 Jahren mehrere Kipp-Punkte erreicht werden. Dazu zählen:

- das Abschmelzen der Eisschilde auf Grönland oder Antarktika;
- veränderte Strömungen in den Weltmeeren – beispielsweise des Golfstroms;
- ein Austrocknen und eine Veränderung der Biodiversität[1] in der Amazonas-Region (bei weiterer Abholzung des Regenwaldes)
- ...

Viele Fakten sprechen inzwischen dafür, dass auch die biologische Vielfalt gefährdet ist. Ganze Ökosysteme könnten zusammenbrechen und so die Vielfalt an Pflanzen und Tieren nicht mehr aufrechterhalten werden – und damit auch die Genvielfalt. Ökologen befürchten ein Massenaussterben. „Deutschland ohne Bäume" würde bedeuten, dass es kein sauberes Grundwasser mehr gibt. Bienen und Insekten sind maßgeblich für die Bestäubung von Pflanzen nötig. Ohne sie gäbe es viel weniger oder keine Früchte mehr! Oder die Bestäubung müsste beispielsweise von Menschenhand geschehen. Es sind die Leistungen der Natur, die der Erde und Menschheit beispielsweise Nahrung und medizinische Wirkstoffe liefern. Krebsmedikamente basieren zu mehr als der Hälfte auf Wirkstoffen aus der Natur. Der Verlust des Regenwaldes bedeutet, dass nicht nur ein riesiger Speicher für Klimagase verloren geht, sondern auch eine Vielfalt von Pflanzen und Tieren. Es wird geschätzt, dass ca. 30 % aller Tier- und Pflanzenarten im Amazonas-Gebiet beheimatet sind.

Das „World Economic Forum" vermutet, dass 40 % der weltweiten Wirtschaftskraft der Natur oder besser dem Ökosystem der Erde zuzuschreiben sind. Entsprechend darf die Natur nicht mehr so ausgebeutet werden wie bislang. Es müssen mehr Naturschutzzonen ausgewiesen werden. Waren oder Nahrungsmittel, die wir täglich kaufen, müssten und sollten die Folgekosten ihrer Herstellung einpreisen.

- Was entsteht an langfristigen Kosten und schädlichen Folgen für die Umwelt?
- Was bedeutet es, wenn bei der Herstellung von Kleidung chemische Mittel verwendet werden, die anschließend kaum geklärt ins Grundwasser gelangen?
- Welche Konsequenzen hat der Abbau von Mineralien und fossilen Brennstoffen für Natur und Landschaft?

Klimaschutz und Biodiversität? Es sind Folgekosten, die entstehen und die letztlich die Allgemeinheit und die kommenden Generationen zu tragen haben.

EA

Aufgabe:

a) *Kopiere die Karten (siehe Blatt 2) auf dickeres Papier. Beschrifte diese in Stichwörtern mit den Gründen, die für den Klimawandel (mit)verantwortlich sind bzw. ihn beschleunigen. Laminiere das Blatt und schneide die Karten aus.*

b) *Türme die Karten zu einer „Pyramide" auf. Kannst du einzelne Karten herausziehen – ohne dass alles zusammenstürzt?*

[1] *Biodiversität: Artenvielfalt von Pflanzen und Tieren. Sie ist u. a. nötig für Wasser, Nahrung und vieles andere auf der Erde.*

36 Kipp-Punkte und Biodiversität

(Blatt 2)

Der Beginn einer Zeitenwende
Die Welt im Umbruch – Bestell-Nr. 12 955
KOHL VERLAG

37 Folgekosten des Klimawandels – Trockenheit, Hitzewellen und Meeresspiegelanstieg

Neben Trockenheit und Hitzewellen sind ebenso Überflutungen und Überschwemmungen Folgen des Klimawandels. Pakistan war im Sommer 2022 von riesigen Überflutungen betroffen. Ein Drittel des Landes stand zeitweise unter Wasser. Indien litt schon früh im Jahr 2022 unter Temperaturen über 50 °C. Auch oder gerade in Europa nehmen Hitzewellen zu. Europa könnte ein regelrechter Hotspot werden. Wärmeperioden dauern länger an, die Temperaturen steigen. Deutschland hatte alle seine heißesten Sommer in den letzten 20 Jahren. Silvester 2022 wurden in Dresden über 19 °C gemessen. Schon seit Jahren leiden die Wälder unter Wassermangel. Die Niederschläge in den Wintermonaten reichen nicht aus, um in tiefere Erdschichten einzusickern. Der Grundwasserspiegel sinkt. Trockenheit vernichtet Ernten.

Auf der anderen Seite schaden Starkregen oder Hagel den Böden und der Vegetation. Was große Wassermassen, die in kurzer Zeit niedergehen, anrichten können, zeigte die Flutkatastrophe in Deutschland im Ahrtal 2021. Ein relativ kleiner Fluss schwoll binnen Stunden auf mehrere Meter an und wurde zu einem reißenden Sturzbach. Auf einer Strecke von ca. 40 km blieb eine Schneise der Verwüstung. Auch Deutschland ist also immer mehr von den Folgen des Klimawandels betroffen. Zur Rettung des Planeten Erde ist die Begrenzung des Temperaturanstiegs ein wichtiges Ziel. Im Durchschnitt sind die Temperaturen – im Vergleich zur Zeit vor Beginn der Industrialisierung – weltweit um über 1 °C gestiegen. In Deutschland haben sie bereits um 1,6 bis 1,9 °C zugenommen.

Am stärksten stiegen die Temperaturen in der Arktis. Die Folgen können dort besonders gravierend sein. Denn das Abschmelzen des Eises dort bedeutet eine Erhöhung des Meeresspiegels und eine Veränderung der Meeresströmungen. Sollte das Grönland-Eis (der Eispanzer ist bis zu über 3000 m dick) abschmelzen, könnten die Weltmeere um 7 m steigen. Viele Städte am Meer sind deshalb von Überflutungen bedroht. Der Golfstrom im Nordatlantik, der für unser vergleichsweise mildes Klima verantwortlich ist, könnte sich weiter abschwächen. Die Folge wäre – auch wenn es paradox klingen mag – ein deutlich kühleres Klima in Nordeuropa. Dazu müssen allerdings viele Prozesse zusammenkommen. Voraussagen dazu sind deshalb noch mit vielen Unsicherheitsfaktoren behaftet.

EA

Aufgabe:

a) *Nenne einige Städte und Länder, die bei einem Anstieg der Weltmeere von Überschwemmungen betroffen sein werden.*

____

____

____

b) *Setze jeweils ein Kreuz auf der Weltkarte.*

38 Ressourcenverbrauch

Als sicher gilt, dass es in den letzten 20-30 Jahren immer wärmer geworden ist. Der Ausstoß klimaschädlicher Gase hat weiter zugenommen. Gerade viele Länder des Südens haben bei den Emissionen[1] aufgeholt. Das hängt unter anderem mit dem Zuwachs wirtschaftlicher Entwicklung und Produktion zusammen. Während der CO_2-Ausstoß in vielen Industriestaaten seit 1990 eher gesunken ist, hat er in Staaten wie China und Indien enorm zugenommen (um ca. 360 %). Die reichen Industriestaaten sind für die allermeisten CO_2-Emissionen verantwortlich.

Die ärmere Hälfte der Weltbevölkerung ist gerade einmal für 7,5 % des Kohlendioxid-Ausstoßes verantwortlich. Und auch in vielen einzelnen Ländern – wie z. B. der Bundesrepublik Deutschland – ist die Verteilung sehr unterschiedlich. Umgangssprachlich ist häufig vom sogenannten „ökologischen Fußabdruck“ die Rede. Er misst, wie stark der einzelne Mensch mit seinem (alltäglichen) Handeln die Ressourcen der Erde beansprucht. Er beträgt in Deutschland umgerechnet etwa 10-11 Tonnen im Jahr. Ein Drittel davon bezieht sich auf den Kauf von Waren, ein Fünftel auf Mobilität[2] und ca. ein weiteres Fünftel auf Wohnen. Wobei die Verteilung nach Wohlstand sehr unterschiedlich ist. Die reichsten 10 % kommen in Deutschland auf ca. 32 Tonnen pro Person. Es ist augenscheinlich so: Je mehr Kapital und Wohlstand zur Verfügung stehen bzw. gegeben sind, desto größer ist der Ressourcenverbrauch.

Ziel für eine klimaverträgliche Zukunft wäre ein Verbrauch von 1-2 Tonnen pro Person im Jahr. In Ländern des Südens sind die Verbrauchszahlen jetzt schon auf diesem Niveau oder deutlich darunter. Kurzum: Deutschland und andere Industriestaaten leben auf Kosten der ärmeren Länder. Unser augenblicklicher Lebensstil ist nicht nachhaltig.

EA PA **Aufgabe:**

- *Überlege zunächst allein: Wo glaubst du am besten sparen bzw. deinen so genannten „ökologischen Fußabdruck“ reduzieren zu können?*

  (Hier ein paar Anregungen und Möglichkeiten: Nutzung öffentlicher Verkehrsmittel, Verzicht auf Fleisch, Heizungstemperaturen reduzieren ...)
- *Ordne deine Vorschläge nach persönlicher Priorität: Was würde dir nicht so viel Mühe abverlangen?*
- *Bildet dann Zweier-Gruppen und verfasst auf einem großen Blatt Papier eine gemeinsame Prioritätenliste. Überlegt euch auch Begründungen.*
- *Stellt eure Prioritätenliste dann in der Klasse vor.*

---

[1] *Emissionen: Stoffe und Gase, die in die Umwelt und Atmosphäre entweichen*
[2] *Mobilität meint, sich mit Auto, Fahrrad oder öffentlichen Verkehrsmitteln fortbewegen zu können. Sie ist für soziales Leben sowie Wirtschaft unumgänglich.*

Maßnahmen und Lösungen – Reicht das?

Es geht letztlich darum, die Energiegewinnung aus fossilen Brennstoffen (Kohle, Gas und Erdöl) zu reduzieren, und das sehr schnell. Bis Mitte des Jahrhunderts sollte der Verbrauch bei Null liegen, das heißt weltweit sollten alle Länder klimaneutral sein. Aktuell sind wir davon noch weit entfernt. Forscher gehen davon aus, dass wir uns zur Zeit eher auf eine Erwärmung von 2-3 °C zubewegen. Die Hoffnungen, dass es nicht dazu kommt, ruhen unter anderem auf:

- Einsatz erneuerbarer Energien und Reduzierung fossiler Brennstoffe;
- Einsparungen unter anderem bei Wohnen, Mobilität und Konsum;
- Veränderte Ernährung und Agrarwirtschaft;
- Recycling[1] und Sharing-Systeme[2];
- technische Lösungen wie unterirdische Speicherung von CO_2;
- Etablierung einer Kreislaufwirtschaft

Die Rede ist häufig von qualitativem und grünem Wachstum. Gewichtiges Instrument ist der Emissionshandel mit Zertifikaten. Diese werden u. a. von den Staaten herausgegeben, teilweise umsonst. Bei der Herstellung eines Produkts entstehen CO_2-Emissionen. Dafür müssen Zertifikate erworben werden. Diese sind auf dem Markt handelbar. Angebot und Nachfrage sollen den Preis regeln. Große Industrieunternehmen sind dazu verpflichtet, Zertifikate zu erwerben. Je teurer die Zertifikate werden, desto mehr muss also auch für die Herstellung eines Produktes, das mit viel CO_2-Emissionen belastet ist, bezahlt werden. Die Hoffnung knüpft sich daran, dass es für die Firmen attraktiv ist, immer klimafreundlicher zu produzieren und nach immer besseren Lösungen zu suchen. Umso weniger Zertifikate müssen sie zu einem steigenden Preis erwerben. Es gibt einige Kritik an diesem System: Problem ist beispielsweise, dass es einen Überschuss an Zertifikaten gibt. Sie sind also aktuell noch vergleichsweise günstig zu erwerben. Perspektivisch dürften sie jedoch deutlich steigen. Das hängt aber auch von politischen Entscheidungen ab. Hinzu kommt, dass bestimmte Bereiche wie beispielsweise Teile des Verkehrs noch ausgenommen sind.

Große Hoffnungen werden auf das „Grüne Wachstum" gesetzt, das heißt, die Energieversorgung soll durch Windenergie, Solarenergie und Wasserstoff sichergestellt werden. Zusätzlich soll der Einsatz von Technologien und Digitalisierung uns helfen, Emissionen einzusparen. Doch Technologien brauchen viele Jahre bis sie sich am Markt durchgesetzt haben. Bislang decken Solarenergie und Windenergie rund 8 % des gesamten Energiebedarfs in Deutschland ab. Schauen wir nur auf den Stromsektor, ist es bedeutend mehr. Die erneuerbaren Energien – also Stromgewinnung aus Wind, Sonne, Wasser und Biomasse[3] – haben in 2022 zwischen 40 und 45 % erbracht. Die Produktion dieses Stroms wird immer billiger. Deutschland – und das gilt ebenso für alle Industriestaaten – benötigt viel Energie – sei es für die Chemieindustrie, die Bauwirtschaft, die Produktion von Maschinen und Autos, die Herstellung von Lebensmitteln oder die Digitalwirtschaft. Gerade die Digitalwirtschaft wird unterschätzt. Dieser Bereich wächst gewaltig. Schon jetzt werden allein dem Internet 3-4 % der weltweiten Emissionen zugeschrieben. Die Datenströme wachsen gewaltig, ob es nun das Streamen eines Filmes ist, oder der Erhalt von womöglich nicht erbetener Werbung oder Textnachrichten. Datenzentren werden zwar effizienter, aber sie brauchen eben auch viel Energie.

Die Frage stellt sich: Wird qualitatives und „Grünes Wachstum" reichen, um den Klimawandel zu begrenzen? Müssen wir unser Verhalten womöglich weitaus mehr ändern? Weniger fliegen, weniger und gezielter konsumieren und beim Essen auf Lebensmittel achten, die möglichst klimafreundlich hergestellt werden, um die Natur wie Tier- und Pflanzenwelt zu schützen? Die Landwirtschaft leidet schließlich nicht nur unter dem Klimawandel, sie trägt auch maßgeblich zu Emissionen bei. In Deutschland stammten im Jahr 2021 allein 8 % der Treibhausgase aus der Agrarwirtschaft.

---

[1] *<u>Recycling</u>: Wertstoffe, die wieder aufbereitet oder für ein anderes Produkt wiederverwertet werden*
[2] *<u>Sharing-Systeme</u>: u. a. Leihsysteme, die beispielsweise verschiedene Verkehrsträger (u. a. Fahrrad und Auto) für einen begrenzten Zeitraum zur Verfügung stellen*
[3] *<u>Biomasse</u>: Gemeint sind u. a. Holz und Pflanzen als Energieträger (die Sonnenenergie speichern)*

Maßnahmen und Lösungen – Reicht das? (Blatt 2)

Ist es aber nur eine Frage der individuellen Verhaltensänderung? Kann der Einzelne das Problem lösen oder ist es nicht eher Aufgabe von Wirtschaft oder Staaten, schnelle und einvernehmliche Lösungen zu finden? Die grundsätzliche Frage stellt sich: Ist Wachstum in dieser Form noch möglich? Ist die Weltwirtschaft andererseits nicht auf Wachstum angewiesen? Investitionen werden schließlich nur getätigt, wenn Unternehmen sich Wachstum versprechen. Kredite der Banken werden nur zurückgezahlt, wenn die Firmen aufgrund von Wachstum und Innovation dazu in der Lage sind. Brauchen wir nicht Wachstum, um Arbeitsplätze zu erhalten und das Wohlfahrts- wie Sozialsystem aufrecht zu erhalten? Auf der anderen Seite gibt es die Forderung des „Schrumpfens"; weniger konsumieren, weniger reisen, weniger fliegen – ca. 90 % der Menschen haben noch nie in einem Flugzeug gesessen –, weniger Wohnraum beanspruchen. Im Durchschnitt wohnt in Deutschland jeder auf 47 m² und die Zahl der Einzelhaushalte wächst. Ist es wohl notwendig, mehr öffentliche Verkehrsmittel zu nutzen, mehr Fahrrad zu fahren, mehr zu recyclen, mehr zu tauschen und zu teilen? Was aber ist mit den Ländern, die ihren Aufholprozess in Sachen Wohlstand erst begonnen haben bzw. auch am „Wohlstands-Kuchen" teilhaben wollen?

Eine Transformation[1] von Wirtschaft und Gesellschaft ist angesichts des Klimawandels, der einen ganzen Planeten bedroht, dringend geboten. Die aktuellen Krisen wie der Angriffskrieg von Russland in der Ukraine erschweren den Prozess. Die Nachfrage nach fossilen Energieträgern[2] hat in 2022/23 erheblich angezogen. Öl-Konzerne erzielen Rekordgewinne. Das traditionelle Geschäft mit fossilen Brennstoffen hat wieder zugenommen. Auf der anderen Seite können die aktuellen Krisen auch eine Chance sein, sich nunmehr endgültig von fossilen Energieträgern zu verabschieden. Dazu braucht es aber einen erheblichen Veränderungswillen und politischen Druck, denn die Zeit ist knapp. Gleichzeitig müssen die Menschen mitgenommen werden und dazu bereit sein. Und vieles muss gleichzeitig vorangebracht werden: von der Energieversorgung über die Infrastruktur bis hin zum Umbau von Wirtschaft und Agrarwirtschaft. Vor allem aber braucht es eine weltweite Verständigung. Jedes Zehntelgrad Celsius weniger hilft, erwartete Schäden und Katastrophen zu begrenzen.

Aufgabe:

- *Bildet Vierer-Gruppen. Jede Gruppe setzt sich vor ein Blatt mit 16 gleich und ausreichend großen Feldern.*

- *Jeder überlegt still für sich:*
  Was muss möglichst schnell passieren, um den Klima-Wandel zumindest abzuschwächen?
- *Jeder in der Gruppe trägt seinen Vorschlag in ein Feld in der 1. Spalte ein. Es können also 4 unterschiedliche Vorschläge sein. Lasst euch jeweils 5-10 min Zeit. Dann gebt ihr euer Blatt jeweils an eine andere Gruppe weiter und bekommt das Blatt einer anderen Gruppe.*
- *Lasst euch von den Vorschlägen, die dort schon stehen, inspirieren. Denkt die Vorschläge weiter und tragt eure Ideen dazu in die 2. Spalte ein. Gebt dann das Blatt wieder an eine andere Gruppe weiter. Insgesamt wird jedes Blatt also 3mal weitergegeben.*
- *Heftet dann die Blätter an eine Pinnwand. Ihr könnt daraus auch eine kleine Poster-Session machen: Jede Gruppe gestaltet ein Poster und die ganze Klasse erhält anschließend die Gelegenheit, von Poster zu Poster zu wandern.*

[1] *Transformation: Umwandlungs- und Weiterentwicklungs-Prozesse von Wirtschaft und Gesellschaft*
[2] *fossile Energieträger: Die wichtigsten fossilen Energieträger sind Erdöl, Erdgas und Kohle.*

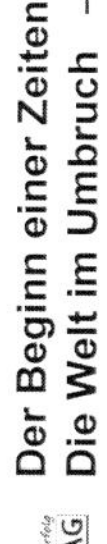

40 Epidemien und Pandemien

Epidemien[1] und Pandemien[2] bilden eine große Gefahr für die Menschen. Unter einer Epidemie versteht man eine in einem Volk oder in einem Land bzw. Gebiet verbreitete Krankheit. Als eine Pandemie wird eine Krankheit bezeichnet, die sich über Länder und Erdteile (= Kontinente) ausgebreitet hat oder auf dem Vormarsch ist. Bei Epidemien und Pandemien handelt es sich gewöhnlich um Infektionskrankheiten[3] (= ansteckende Krankheiten). In der deutschen Umgangssprache nennt man sich schnell und weiträumig ausbreitende Infektionskrankheiten auch Seuchen.

Ab Ende 2019 breitete sich – höchstwahrscheinlich ausgehend von China – weltweit die Corona-Pandemie aus. Am 11.03.2020 stufte die World Health Organization (= WHO, = Weltgesundheitsorganisation) die Infektionskrankheit als eine Pandemie ein. Virologen (= Virusforscher) ermittelten als Krankheitserreger Corona-Viren[4] SARS[5] Covid 2[6].

Diese Infektionskrankheit erfasste Menschen auf allen Erdteilen, sogar in Antarktika. Nach Angaben der WHO Anfang Mai 2023 sollen bisher weltweit mindestens 20 Millionen Menschen im Zusammenhang mit dem Corona-Virus SARS Covid 2 gestorben sein.

EA

Aufgabe: *Ergänze jeweils die fehlenden Angaben.*

ZUTRITT NUR MIT FFP2-MASKE

a) Eine Epidemie ist: ______________________________

____

a) Unter einer Pandemie wird verstanden: ______________________________

____

a) Normalerweise sind Epidemien und Pandemien: ______________________________

____

a) Für sich schnell und weiträumig ausbreitende Infektionskrankheiten wird in der deutschen Umgangssprache ebenfalls der Ausdruck gebraucht: ______________

a) Zu dieser Pandemie kam es beginnend ab Ende 2019: ______________

a) Die Pandemie entstand sehr wahrscheinlich in: ______________

a) Mit der World Health Organization (WHO) ist gemeint: ______________

____

a) Krankheitserreger der Corona-Epidemie sind: ______________

a) Covid 2 steht als Abkürzung für: ______________

____

a) So viele Menschen sollen bisher (Stand: Anfang Mai 2023) weltweit im Zusammenhang mit den Corona-Viren SARS Covid 2 gestorben sein: ______________

____

Hinweis:
Zum Thema Epidemien und Pandemien vgl.: Friedhelm Heitmann: Epidemien und Pandemien … historisch und biologisch betrachtet; Kerpen (Kohl-Verlag) 2022; Bestell-Nr. 12 759

---

[1] *epidemios (griech.) = im Volk verbreitet*
[2] *pandemia (griech.) = alle Leute*
[3] *infectio (lat.) = Ansteckung, Vergiftung*
[4] *virus (lat.) = Gift, Schleim*
[5] *SARS (engl.) = Severe Acute Respitory Syndrome; = schweres, akutes Atemwegssyndrom*
[6] *Covid 2 (engl.) = Corona Virus Disease Type 2; = Corona-Virus-Krankheit Typ 2*

41

Die Corona-Pandemie

(Blatt 1)

Auch die Corona-Pandemie hat zur Zeitenwende beigetragen und ist daran weiterhin beteiligt. Manche reden sogar von einer Zeitenwende (durch die) Corona-Pandemie.

Aufgrund der Corona-Pandemie erfolgten vielfältige Maßnahmen:

- Die Pflicht, Schutzmasken zu tragen;
- Abstandsregelungen einzuhalten (ca. 1,5-2 m von Person zu Person);
- Isolationspflicht (= Quarantäne) für Infizierte;
- Ausgangssperrzeiten;
- Einreiseverbote;
- Lockdowns (u. a. Schließung von Restaurants, Geschäften, Schulen, Universitäten ...);
- Im Berufsleben – soweit möglich – die Umstellung auf die Arbeit im Home-Office;
- ...

Zwar gelang es Wissenschaftlern, Impfstoffe zur Bekämpfung der Corona-Viren zu entwickeln. Durchgeführte Impfungen gewähr(t)en in der Regel aber keinen ewigen Schutz gegen Corona-Viren, allenfalls gegen schwere Verläufe der durch die Krankheitserreger verursachten Krankheit. So einige Personen und Organisationen gehen (inzwischen) davon aus, dass die Corona-Pandemie vorbei sei, und verhalten sich dementsprechend nachlässig. Doch die Corona-Pandemie ist bislang keineswegs beendet[1]. Die Corona-Pandemie wirkt(e) sich schwerwiegend auf viele Bereiche im Leben aus (Wirtschaft, Gesellschaft, Politik, Freizeit ...). Es gilt die Corona-Pandemie auch zukünftig (sehr) ernst zu nehmen. Eventuell muss sich die Menschheit darauf einstellen, mit der Corona-Pandemie zu leben.

Es scheint nur eine Frage der Zeit zu sein, wann eine weitere Pandemie kommt, bedingt durch das voranschreitende Zusammenleben von Menschen und (wilden) Tieren.

Erklärung von Wörtern:

- Isolationspflicht; Isolation = Trennung, Absonderung; *insula* (lat.) = Insel;
- Quarantäne = Trennung, Isolierung von Kranken; *quadraginta* (lat.) = vierzig;
- Lockdown = Schließung, Sperren; *to lock down* (engl.) = abschließen, sperren;
- Home-Office = Arbeit zuhause; *home office* (engl.) = Heimbüro;
- Mutationen = u. a. erbliche Veränderungen; *mutatio* (lat.) = Veränderung, Änderung

[1] *zumal Corona-Viren sich verändern (können) [= Mutationen]*

41 Die Corona-Pandemie

(Blatt 2)

EA **Aufgabe:** a) *Welche nachfolgenden Aussagen sind richtig, welche sind falsch? Kreuze an.*

		Richtig	Falsch
1.	Epidemien sind in größeren Gebieten verbreitet als Pandemien.		
2.	Als Infektionskrankheiten werden ansteckende Krankheiten bezeichnet.		
3.	Die Corona-Pandemie breitete sich auf alle Kontinente aus.		
4.	Aufgrund der Corona-Pandemie starben bisher nach Angaben der WHO weltweit ca. 6,5 Millionen Menschen.		
5.	Das Tragen von Schutzmasken kann dabei helfen zu verhindern, dass sich Corona-Viren verbreiten.		
6.	Quarantäne bedeutet, dass sich Infizierte von Nichtinfizierten für eine gewisse Zeit fernhalten.		
7.	Impfungen gegen (die) Corona-Viren bieten Menschen einen lebenslangen Schutz.		
8.	Die Corona-Pandemie ist glücklicherweise demnächst überwunden.		
9.	Die Corona-Pandemie wird von allen Menschen ernst genommen.		
10.	Die Menschheit muss sich möglicherweise darauf einstellen, mit der Corona-Pandemie zu leben.		

b) *Verbessere nun schriftlich die Aussagen, die falsch sind.*

42 Herausforderungen und Probleme

In der heutigen Zeit (der Zeitenwende) bestehen zahlreiche Herausforderungen und vielfältige Probleme, die es (möglichst) zu bewältigen gilt. Es geht darum, wirksame Maßnahmen zu ergreifen und (endlich) in die Praxis umzusetzen. Herausforderungen und Probleme stellen sich in diversen Bereichen:

- Der Ukraine-Krieg droht sich weltweit zu weiteren Auseinandersetzungen in politischer, wirtschaftlicher und geostrategischer Hinsicht auszudehnen. Die Westblockstaaten (EU-Staaten, NATO-Länder) und ein Machtblock östlicher Staaten (Russland, China …) stehen sich als Gegner gegenüber.
- Die Realität zeigt: Allein auf diplomatischem Weg lässt sich augenscheinlich kein Frieden schaffen bzw. bewahren.
- Autokratien gewinnen an Zulauf und Macht, während Demokratien gefährdet sind (u. a. durch „Rechtspopulisten").
- Wirtschaftliche Krisen (Inflation, Energieknappheit, Rückgang des Wirtschaftswachstums …) wirken sich aus.
- Nachteile der Globalisierung machen sich zunehmend bemerkbar.
- Der Klimawandel schreitet (immer) weiter voran, ohne dass dagegen bisher genügend getan wird.
- Das Bevölkerungswachstum auf der Erde verstärkt Migrationen, die ohnehin schon aufgrund von Kriegen, Hungersnöten … stattfinden.
- In vielen Gesellschaften klafft die „Schere" zwischen Reich und Arm weiter auseinander. Reiche Menschen werden noch reicher, arme Menschen noch ärmer.
- …

EA **Aufgabe**: *Welche weiteren (großen) Herausforderungen und Probleme bestehen deiner Meinung nach?*

____

____

____

____

____

____

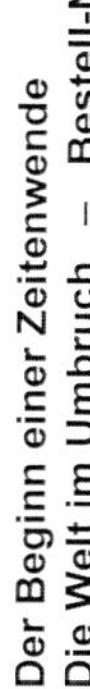

43 Aus der Geschichte lernen?

In Bezug auf die vielfältigen Probleme, ja Krisen zu Beginn der jetzigen Zeitenwende stellen wir uns die Fragen:

- Wären (so) manche gegenwärtig bestehenden Probleme nicht zu vermeiden gewesen?
- Müsste man nicht (eigentlich) aus der Geschichte (= Vergangenheit) gelernt haben oder lernen?

Einige Meinungen

„Aus der Geschichte lässt sich nicht(s) lernen. Geschichte wiederholt sich nicht."

„Die Geschichte lehrt eindeutig: Autokraten (= Diktatoren) lassen sich nicht beschwichtigen. Ihnen gilt es, Widerstand entgegenzusetzen."

„Wirtschaftliche Sanktionen waren historisch betrachtet wenig erfolgreich."

„Eigentlich müsste man aus der Geschichte gelernt haben, keine wirtschaftlichen Beziehungen mit autoritären Staaten einzugehen."

„Probleme sind in der Vergangenheit von der Politik vor sich hergeschoben worden, anstatt sie anzupacken, sich mit ihnen auseinanderzusetzen."

„Die Politik (mit) Wandel durch Handel erreichen zu können, scheiterte kläglich."

„Wer die Vergangenheit nicht kennt oder sie ignoriert, kann daraus nicht(s) lernen bzw. keine Schlussfolgerungen ziehen."

„Die Diplomatie ist an ihre Grenzen gestoßen. Frieden schaffen zu können ohne Waffen hat sich – wie die jüngste Vergangenheit zeigt – als ein Trugschluss erwiesen."

„Wenn man schon vor 20 Jahren begonnen hätte, sich mit erneuerbaren Energien intensiv zu befassen und sie (stärker) zu fördern, wären wir bei der Bekämpfung des Klimawandels schon weiter, hätten möglicherweise keine Energiekrise."

„Etliche Bürger in Demokratien wurden und sind mit der betriebenen Politik unzufrieden."

...

EA **Aufgabe**: *Du hast die vorherigen 10 Meinungen gelesen. Wie beurteilst du diese Meinungen? Kann man deiner Ansicht nach aus der Geschichte lernen, u. a. im Hinblick auf die Bewältigung bestehender Probleme? Äußere dich schriftlich auf einem Extrablatt.*

44 Ein kurzes Nachwort

Joachim Gauck am 03.10.2022 zum Tag der Deutschen Einheit:

> „Wir brauchen nicht nur die Ansage einer Zeitenwende ..., sondern auch eine Politik, die dieser Ansage entspricht.“

<u>Hinweis</u>:
Von 2012-2017 war der parteilose, ehemalige Pastor Joachim Gauck Bundespräsident der Bundesrepublik Deutschland.

Zeitenwende von A ... bis Z ...

A...	<u>A</u>ufrüstung	M...	
B...		N...	
C...		O...	
D...		P...	
E...		Q...	
F...		R...	
G...		S...	
H...		T...	
I...		U...	
J...		V...	
K...		W...	
L...		Z...	<u>Z</u>uwanderung

EA

<u>Aufgabe</u>: *Welche weiteren Begriffe oder Namen im Zusammenhang mit dem Thema Zeitenwende fallen dir ein, die mit den vorgegebenen Anfangsbuchstaben beginnen?*

Der Beginn einer Zeitenwende
Die Welt im Umbruch – Bestell-Nr. 12 955

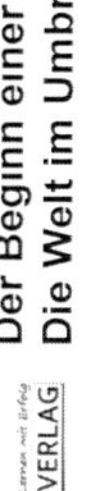

45 Mein eigener Text zum Thema Zeitenwende – Präsentation zum Thema Zeitenwende

EA **Aufgabe 1**: *Verfasse deinen Text zunächst auf einem Extrablatt. Schreibe den Text danach in Reinschrift auf dieser Seite sowie eventuell auf der Rückseite auf.*

Präsentation

Aufgabe 2: *Bereite dich allein oder zusammen mit einem Partner auf eine Präsentation zum Thema Zeitenwende vor. (Dauer der Präsentation: ca. 30 Minuten)*

Notiere/Notiert in Stichwörtern auf einem Extrablatt:

- *Was möchtest du/möchtet ihr im Rahmen der Präsentation sagen?*
- *Welche Medien sollen eingesetzt werden?*
- *…*

Lösungen

1 Zum Begriff Zeitenwende (S. 5)

Aufgabe: Individuelle Lösungen

2 Das Ende des Kalten Krieges – ein Blick zurück in die Vergangenheit (S. 6/7)

Aufgabe: **a)** kennen; **b)** gilt; **c)** leitete; **d)** führten; **e)** schloss; **f)** erforderte; **g)** endete; **h)** löste; **i)** gingen; **j)** entwickelten

3 Nach dem Ende des Kalten Krieges (S. 8)

Aufgabe:

a) die Kriegsgefahr
b) die Abrüstung
c) Aus ehemaligen Diktaturen wurden Demokratien.
d) die USA
e) zur wirtschaftlichen Verflechtung (= Globalisierung)
f) die Europäische Union (EU)
g) in der Europäischen Union und in der NATO

4 Die Mitgliedsstaaten der Europäischen Union (= EU-Staaten) (S. 9)

Aufgabe: Irland, Niederlande, Belgien, Luxemburg, Frankreich, Dänemark, Schweden, Finnland, Deutschland, Österreich, Ungarn, Tschechien, Slowakei, Polen, Litauen, Lettland, Estland, Slowenien, Kroatien, Rumänien, Bulgarien, Griechenland, Zypern, Malta, Italien, Spanien, Portugal

5 Die Mitgliedsstaaten der NATO (= Nordatlantikpakt) (S. 10)

Aufgabe: Island, Großbritannien, Niederlande, Belgien, Luxemburg, Frankreich, Norwegen, Dänemark, Deutschland, Ungarn, Tschechien, Slowakei, Polen, Litauen, Lettland, Estland, Slowenien, Kroatien, Rumänien, Bulgarien, Nordmazedonien, Montenegro, Albanien, Griechenland, Türkei, Italien, Spanien, Portugal, Finnland

6 Kriege (S. 11)

Aufgabe: Individuelle Lösungen

7 „Wandel durch Handel"? (S. 12)

Aufgaben 1-3: Individuelle Lösungen

8 Russland (S. 13)

Aufgabe: Individuelle Lösungen

9 Russland und (die) Ukraine (S. 14/15)

Aufgaben 1-2: Individuelle Lösungen

10 Die politische Zeitenwende ab dem Jahr 2022 (S. 16)

Aufgabe: **a)** Zeitenwende; **b)** Ukraine; **c)** Spezialoperation; **d)** Völkerrecht; **e)** Scholz; **f)** Putin; **g)** Sicherheitsmaßnahmen; **h)** Bundeswehr; **i)** Bundestag; **j)** Verteidigung

11 Reaktionen der Westblockstaaten (S. 17)

Aufgabe: Individuelle Lösungen

12 Die Abstimmungen der UN-Generalversammlung am 02.03.2022 sowie am 23.02.2023 (S. 18)

Aufgaben 1-2: Individuelle Lösungen

13 Zur derzeitigen Situation im Krieg Russland gegen Ukraine (Stand: Mai 2023) (S. 19)

Aufgabe: Individuelle Lösungen

14 Machtblöcke (S. 20)

Aufgabe:

a) Putin droht(e), atomare Waffen einzusetzen.
b) Es stehen sich gegenüber der Machtblock der Westmächte (NATO-Staaten, EU-Staaten) und der östliche Machtblock (China, Russland …).
c) Mitgliedsstaaten der Shanghai Cooperation Organization sind zurzeit China, Russland, Indien, Pakistan, Kasachstan, Kirgistan, Tadschikistan, Usbekistan, Iran.
d) China hat das Ziel, die USA als Weltmacht Nr. 1 zu überholen (zumindest wirtschaftlich).
e) Russland erhebt ebenfalls Weltmachtansprüche.
f) Die USA versuchen, die Weltmacht Nr. 1 zu bleiben.
g) Es existiert die Gefahr von kriegerischen Auseinandersetzungen und Kriegen (sogar ein 3. Weltkrieg ist nicht auszuschließen).

15 Ein Fazit (S. 21)

Aufgabe: Individuelle Lösungen

16 Demokratien und Autokratien (S. 22)

Aufgabe:

a) Nummern vor Satzenden: 7. 10. 1. 8. 6. 9. 4. 5. 3. 2.

b)

1.	Die Zeitenwende zeigt sich auch darin, dass die Anzahl der Demokratien auf der Erde zurückgegangen, die der Autokratien aber gestiegen ist.
2.	Kennzeichen von (echten) Demokratien sind insbesondere die Verwirklichung der Menschenrechte, strikte Gewaltenteilung und freie Wahlen.
3.	In Autokratien (≈ Diktaturen) sind die Menschenrechte nicht verwirklicht bzw. (stark) eingeschränkt; es gibt keine strikte Gewaltenteilung, keine freien Wahlen.
4.	Gemäß einer im Jahr 2022 veröffentlichten Untersuchung der Bertelsmann-Stiftung gibt es erstmal seit dem Jahr 2004 wieder mehr autokratische Staaten.
5.	Von 137 untersuchten Staaten stufte die Bertelsmann-Stiftung 67 Länder als Demokratien ein.
6.	Im Gegensatz dazu ordnete diese Stiftung 70 Staaten den Autokratien zu.
7.	Laut Bertelsmann-Stiftung haben manche Demokratien an Qualität verloren.
8.	In zahlreichen Autokratien sei eine Zunahme von Unterdrückung, Machtmissbrauch, eine Einschränkung von Menschenrechten ... festzustellen.
9.	Auch Studien anderer Organisationen bzw. Institutionen kommen – kurzum gesagt – zum Ergebnis, dass sich weltweit betrachtet Demokratien auf dem Rückzug befinden, Autokratien auf dem Vormarsch.
10.	Der Besorgnis erregende Trend ist, immer weniger Menschen leben offenbar in freien Staatsformen.

17 Der Stand der Demokratie (2022) (S. 23)

Aufgabe: Die obere Karte zeigt weltweit die Verbreitung von: vollständigen Demokratien, unvollständigen Demokratien, Hybridregimen, autoritären Regimen.
In Nordamerika sind Kanada und die USA vollständige Demokratien, auf dem Erdteil Australien + Ozeanien auch die Staaten Australien sowie Neuseeland. Mit Ausnahme von Russland und Belarus gelten in Europa alle anderen Staaten als Demokratien. Hybridregime und autoritäre Regime bestehen überwiegend in Asien und Afrika.

18 Gründe für den Rückgang der Anzahl von Demokratien und für die Zunahme der Anzahl von Autokratien weltweit (S. 24)

Aufgabe 1-3: Individuelle Lösungen

19 Wirtschaft und Gesellschaft (S. 25)

Aufgabe: Individuelle Lösungen

20 Wirtschaftliche und politische Macht – Vertrauen in Staat und Gesellschaft (S. 26/27)

Aufgabe: Individuelle Lösungen

21 Soziale Sicherung und Zukunftserwartungen (S. 28)

Aufgabe: Individuelle Lösungen

22 Globalisierung und Krisen (S. 29/30)

Aufgabe:

a) Die Pandemie hat dafür gesorgt, dass der Welthandel sich einschränken musste und Staaten sich abschotteten.

b) Der Angriffskrieg Russlands gegen die Ukraine hatte erhebliche Folgen für Wirtschaft und Wohlstand in Europa.

c) Es gab die Vorstellung, dass durch liberale Marktwirtschaft und weltweite wirtschaftliche wie politische Zusammenarbeit eine immer bessere Welt geschaffen werden würde.

d) Deutschland und seine Wirtschaft ist abhängig von Rohstoffen und Importen von Energie.

e) Die Energieversorgung soll auf die erneuerbaren Energien umgestellt werden.

KOHL VERLAG Der Beginn einer Zeitenwende Die Welt im Umbruch – Bestell-Nr. 12 955

23 Kritische Abhängigkeiten reduzieren (S. 31)

Aufgabe:

Material	3,48 €	12 %
Lohn in der Fabrik	0,29 €	1 %
Gewinn der Fabrik	1,16 €	4 %
Transport und Zwischenhandel	3,48 €	12 %
Bruttogewinn der Marke	3,48 €	12 %
Handelsspanne	17,11 €	59 %
Gesamtpreis	29,– €	100 %

(Angaben nach der Firma Loveco, einem Online-Shop für nachhaltige Kleidung)

24 Geopolitische Machtblöcke – weltweite wirtschaftliche Verflechtungen (S. 32)

Aufgabe: Individuelle Lösungen

25 Viele Krisen greifen ineinander (S. 33)

Aufgabe:

a) Angriffs-Kriege – Energiekrise – Klimawandel

b) Abhängigkeiten reduzieren – mit Handelsstreitigkeiten umgehen – Aufrechterhaltung des Wohlstandes – Rivalitäten um Macht- und Einflusszonen klären

c) Einnahmen armer Staaten verbessern – Kooperationen abschließen – Ungleichheiten und Armut bekämpfen – Preise für Nahrungsmittel reduzieren – Zollschranken aufheben

26 Demografie und Migration (S. 34)

Aufgabe:

1	1000	1500	1750	1800
ca. 300 000	ca. 310 000	ca. 500 000	ca. 790 000	ca. 980 000

1850	1900	1950	2000	2020
ca. 1 260 000	ca. 1 650 000	ca. 2 500 000	ca. 6 150 000	ca. 7 840 000

(Quelle: Statista 2023 – Entwicklung der Weltbevölkerung von Christi Geburt bis 2021)

27 Zukünftige Bevölkerungsentwicklung (S. 35)

Aufgabe 1:

a) Zwischen Mitte des 19. Jh. und Mitte des 20. Jh. hat sich die Bevölkerungszahl auf der Erde etwa verdoppelt.
Alternative Lösung: a) Zwischen 1750 und 1900 hat sich die Bevölkerungszahl auf der Erde etwa verdoppelt.

b) Die Bevölkerungsrate eines Landes ist abhängig von der Geburtenrate und Sterberate.

c) Die Folge einer schrumpfenden Bevölkerung besteht u. a. wegen weniger Menschen in arbeitsfähigem Alter.

d) Wachsender Wohlstand und zunehmendes Bildungsniveau führen zu sinkenden Geburtenraten.

Aufgabe 2: Individuelle Lösungen

28 Folgen demografischer Entwicklungen (S. 36)

Aufgabe: Individuelle Lösungen

29 Umbau von Produktion und Wirtschaft (S. 37/38)

Aufgaben 1-2: Individuelle Lösungen

30 Fluchtursachen (S. 39)

Aufgaben 1-3: Individuelle Lösungen

31 Die Situation in Europa – Notwendige Zuwanderung (S. 40/41)

Aufgabe 1: Individuelle Lösungen

Aufgabe 2:

a) Deutschland hat eine alternde Gesellschaft und benötigt Zuwanderung.

b) Ende der 1950er Jahre hat Deutschland ein Anwerbeabkommen abgeschlossen, um Arbeitskräfte zu bekommen.

c) Etwa ein Viertel der Einwohner in Deutschland haben einen Migrations-Hintergrund.

32 Gesetzliche Regelungen (S. 42)

Aufgabe 1: Individuelle Lösungen

Aufgabe 2:

Platz	Sprache	Anzahl Sprechende (nicht nur Muttersprachler)
1.	Englisch	1,13 Milliarden
2.	Mandarin	1,12 Milliarden
3.	Hindi	615 Mio.
4.	Spanisch	535 Mio.
5.	Französisch	280 Mio.

(Quelle: Berlitz 2022 – Die meistgesprochenen Sprachen der Welt: Das sind die Top 20)

33 Arbeitsmarkt und Geflüchtete (S. 43)

Aufgabe:

- begrenzte Aufenthaltserlaubnis: Aufenthalt nur bis zum Überprüfungs-Termin
- Status nicht abschließend geklärt: Asylantrag noch offen, bisher nur geduldet
- sicherer Aufenthaltstitel: Asyl gewährt
- Kontingentflüchtlinge: aus humanitären Gründen aus Krisengebiet
- aufgrund einer Kriegssituation: Aufenthalt wird sogar ohne Antrag auf Asyl gewährt.

34 Zugänge zum Arbeitsmarkt – Zukünftige Entwicklungen (S. 44)

Aufgabe: Individuelle Lösungen

35 Klimawandel und Folgekosten (S. 45)

Aufgabe:

a) Bereits Anfang der 1970er Jahre warnten Wissenschaftler im Club of Rome vor einer Überlastung der Erde.

a) Sie verstanden ihren Bericht als „Weckruf“ an die Politik.

a) Auf der Weltklimakonferenz in Paris verpflichteten sich die beteiligten Staaten, konkrete Maßnahmen zum Klimaschutz und zur Reduktion von Treibhausgasen zu unternehmen.

a) Die Erderwärmung soll auf 1,5 °C begrenzt werden oder doch deutlich unter 2 °C bleiben.

36 Kipp-Punkte und Biodiversität (S. 46/47)

Aufgabe:

Lösungsbeispiele:

1. Fossile Brennstoffe: Öl und Gas; **2.** Trockenheit; **3.** Abschmelzen der Polarkappen; **4.** Abholzung von Wäldern; **5.** Verlust an Tieren und Pflanzen; **6.** Autoverkehr; **7.** allgemeine Mobilität; **8.** Fliegen; **9.** alte Heizungen; **10.** übermäßiger Fleischkonsum; **11.** Auftauen von Frostböden; **12.** fehlende Kreislaufwirtschaft; **13.** allgemeiner Konsum besonders in den Industrie-Staaten …

37 Folgekosten des Klimawandels – Trockenheit, Hitzewellen und Meeresspiegelanstieg (S. 48)

Aufgabe:

Lösungsbeispiele:

Städte: Venedig, Bangkok, Amsterdam, Antwerpen, Lissabon, Bremen, Hamburg, Bordeaux, Jakarta, Ho-Chi-Minh-Stadt.

Länder: Bangladesch, Ägypten, Pakistan, Malediven, Indonesien, Thailand

38 Ressourcenverbrauch (S. 49)

Aufgabe: Individuelle Lösungen

39 Maßnahmen und Lösungen – Reicht das? (S. 50/51)

Aufgabe: Individuelle Lösungen

40 Epidemien und Pandemien (S. 52)

Aufgabe:

- **a)** Eine Epidemie ist: eine in einem Volk oder in einem Land bzw. Gebiet verbreitete Krankheit
- **b)** Unter einer Pandemie wird verstanden: eine Krankheit, die sich über Länder und Erdteile ausgebreitet hat oder ausbreitet
- **c)** Normalerweise sind Epidemien und Pandemien: Infektionskrankheiten (= ansteckende Krankheiten)
- **d)** Für sich schnell und weiträumig ausbreitende Infektionskrankheiten wird in der deutschen Umgangssprache ebenfalls der Ausdruck gebraucht: Seuchen
- **e)** Zu dieser Pandemie kam es beginnend ab Ende 2019: Corona-Pandemie
- **f)** Die Pandemie entstand sehr wahrscheinlich in: China
- **g)** Mit der World Health Organization (WHO) ist gemeint: die Weltgesundheitsorganisation
- **h)** Krankheitserreger der Corona-Epidemie sind: Corona-Viren SARS Covid 2
- **i)** Covid 2 steht als Abkürzung für: Corona Virus Disease Type 2 (= Corona-Virus-Krankheit Typ 2)
- **j)** So viele Menschen sollen bisher (Stand: Anfang Mai 2023) weltweit im Zusammenhang mit den Corona-Viren SARS Covid 2 gestorben sein: mindestens 20 Mio. Menschen

41 Die Corona-Pandemie (S. 53/54)

Aufgabe:

- **a)** Richtig sind: 2. 3. 5. 6. 10.
- **b)** **1.** Pandemien sind in größeren Gebieten verbreitet als Epidemien.
  4. Aufgrund der Corona-Pandemie starben bisher nach Angaben der WHO (im Mai 2023) mindestens 20 Millionen Menschen weltweit.
  7. Impfungen gegen (die) Corona-Viren bieten Menschen keinen lebenslangen Schutz, allenfalls gegen schwere Verläufe der Krankheit.
  8. Die Corona-Pandemie ist bisher nicht überwunden, das Ende nicht erreicht.
  9. Von so manchen Menschen wird die Corona-Pandemie nicht (mehr) genügend ernst genommen.

42 Herausforderungen und Probleme (S. 55)

Aufgabe: Individuelle Lösungen

43 Aus der Geschichte lernen? (S. 56)

Aufgabe: Individuelle Lösungen

44 Zeitenwende von A ... bis Z ... (S. 57)

Aufgabe: Individuelle Lösungen

45 Mein eigener Text zum Thema Zeitenwende – Präsentation zum Thema Zeitenwende (S. 58)

Aufgaben 1-2: Individuelle Lösungen